［美］玫琳凯·艾施 著
马 群 译

玫琳凯自传

一位美国最有活力的
商业女性的成功故事

浙江人民出版社

NIKKO-GOLD COAST CRUISES
Flamingo II
MIAMI BEACH

15
14
13
12

MARY
KLEINFELDT

Mary Kay Cosmetics

谨献给成千上万的女性

敢于

走出她们“舒适的家庭”并

运用

上帝赋予她们的才华和能力

实现上帝没有时间来完成的——

让一个平庸的人

成为

有用之人!

MARY KAY

感谢辞

十分感谢在写作过程中为我提供无价帮助的三位特殊朋友。首先，感谢鲍勃·舒克真诚的勉励和卓越的组织才能。其次感谢琳达·P. 摩尔，一位成功的作家。最后是伊冯·潘德里顿，一位为我的《尾声》准备了所有必需材料的玫琳凯员工。感谢她们帮助我用极其精确的语言诉说我的故事。没有他们，这本书可能永远不会写成。

目 录

CONTENTS

CONTENTS

前言

从前，我曾着手写一本书——那是我刚刚从25年直销生涯中退休的时候。我退休还不到一星期，就已知道为什么许多讣告上都有“他去年刚退休”这样的话。实际上我家对面就是一家殡仪馆。我不知是否应该唤醒他们，并告诉他们“勇敢地活下去”。

建立事业和关心家人是我生活的全部。我从不喜欢那些人们常用的消闲方式，例如，我从没时间去学类似打网球这样的运动，而又对鸡尾酒会深恶痛绝。工作和成长对我来说同等重要。假如没有工作，我觉得根本就没理由每天这么早起床。

退休之后，我唯一能做的事就是回忆那些积极而又有活力的日子。在我的工作历程中，我遇到并解决了许多对女性而言比较独特的问题。很多时候，我都被一些陈腐的思想所阻碍。比如在与男人共事时，什么该做，什么不该做。“也许，”我想，“只是也许，我能够用我的经验去帮助其他女性跨跃这些相同的障碍。”因此我决定在写下我所有教训的同时，把我的思想组织起来。开始写作时，我脑子里充满了因为我是女性而遭拒绝的回忆。我希望通过列出写作清单，能够清除我内心的苦涩。事实也是如此。但同样重要的是，我已收集了许多构成我“梦想公司”的因素，在这个抽象的公司里，人与人之间的关系以黄金法则为基础，女人将被允许追求无限的机会。只要具备走向成功的技能和决心，她就不应受到阻挠。

我使用了一些笔记，开始写一本我视作管理培训方面的书。不久，我问自己：“为什么要把一个梦想公司理论化？为什么不开始经营一个公司？”玫琳凯化妆品公司成立于1963年9月13日，一个星期五。随后的几十年中，关注它的成长一直是我的快乐和荣耀。借助于上帝、亲爱的家人、朋友以及其他相关人士的帮助，我们从一个只有9名雇员的小店面公司发展成为有成千上万美容顾问的国际大家庭——每一位美容顾问都有她自己独立的事业。很久以前我所列举的一些解决办法给成千上万的女性提供了许许多多她们从未想到的机会。

但我并不想停滞不前。安于现状最容易让人退化。因此，我们一直努力地工作以保持提供最好的产品，并不断采用所能得到的最先进的管理技术。正是由于这一点，使我们作出决定，于1968年让玫琳凯化妆品公司在股票交易所公开上市。当时的这一举措为我们公司发展奠定了重要的基础。但随着时间推移，情况也在迅速发生变化。我们开始相信，如果继续走这条路，公司的成长将会受阻。

1985年春，我们决定离开股市，以使公司员工和顾客获得最大利益。因此，在听取了专家们客观中肯的建议后，我们用公平的价钱买回了玫琳凯化妆品公司全部公开发行并已上市的股票，又重新成为家族式企业。

这样变动的好处有许多，最为重要的是，在如此动荡不安的股市买卖中，我们并未受损。

撤出股市以后，有一件重要的事情始终不变——和我们息息相关的每一位美容顾问和业务督导仍旧保持着她们自己独立的事业——这是一直以来的方式。在公司总部，我们能更为细致地监督和确保那些我们公司赖以建立的基本原则。

作为玫琳凯化妆品公司的创始人和名誉主席，我已成了公众人物。现在无论我说些什么，人们似乎都会听。其实现在所说的一切和我一直以来所说的并没什么不同。但很显然，在一个人获得一些成功后，这个人所说的便变得比较“重要”。因此我又重拾写书的笔。

我从不会放弃任何机会。我经常谈到，这个世界为妇女们保留着很多美妙的机会。我的一些观点似乎不合潮流，如运用黄金法则和秉持“乐施”精神等，而“你能做到”的观点也一样显得陈旧，但在我看来，这一观点同样适用于“现代女性”，不仅适用，而且很有效。

我愿与你分享我的人生宗旨、内在感受、失望和快乐。你可能注意到在文中我很少提到日期。当然，就像对子女生日那样，我能记住这些日子。我是一个女人，女人是不可能不对那些事情多愁善感的。即使你只记得很少几个日子，但只要稍微懂一点算术，你就能推测我的年龄。我从不告诉他人自己的年龄。我为什么非要告诉他人？我相信一个告诉他人年龄的女人会告诉别人一切事情。可以告诉你，我没有像一些人认为的那么老（我听到过一些谣传）。我曾听到过一段最佳的对白：如果你真的不知道你的实际年龄，你会说你几岁呢？我觉得我才24岁！

这本书是写给那些感觉年轻又希望成功的人们的。上帝没有时间去塑造一个“平庸的人”，所以你能成为你想要成为的人。每一个人都是上帝计划中重要而又不可缺少的一部分。假如真有别人相信你——你就能做成伟大的事。我之所以知道这些，是因为有人曾相信过我。当我还不具备许多经历或技能时，有人相信我能成功。由于这份信心，我的确成功了！

1 你能做到

世界上存在着四种人：

· 第一种人，促使事情发生；

· 第二种人，看着事情发生；

· 第三种人，不清楚所发生的事情；

· 第四种人，完全不知道发生了任何事！

在我很小的时候就一直想成为第一种人。从那以后，我开始懂得成功的人往往是由他们的个性、目标和能力所决定的。这就意味着他们应特别具备：

· 热情（带有目的）；

· 自律;

· 意愿（去工作、服务和学习）;

· 决心:

· 欣赏他人。

我明白了这些道理，但却来之不易。在我7岁那年，父亲从疗养院回到家里。三年的治疗虽使他的肺结核病得到控制，但没有完全治愈。在我少儿时代，他一直是那么虚弱，每时每刻都需要我们无微不至的照顾。

在那些日子里，我母亲是全家的支柱。她接受了护士培训，但结果却成了休斯敦一家餐馆的经理。那时在餐馆工作的薪水没有像现在这样高，而且因她是个女人，她的薪水无疑还会更低一些。母亲一天要工作14个小时，每天早晨5点钟在我醒来以前已离开家，直到晚上9点钟我差不多已入睡后才回家。我的哥哥和姐姐已长大离家而去，因此照顾父亲也就成了我的责任。

我从未想过要去改变什么。每天从学校放学回家，先打扫房间，然后做家庭作业。我接受这一现实，而且还乐意去做。尽管有些事对一个孩子来说实在太困难了，而且也从未有人告诉过我该怎么做，但结果我还是做到了。

对我来说，做饭常常是一种挑战。我母亲是个很棒的厨师，然而当她不能准时回来为我们做晚餐时，我就得担当此任。小小的七龄童是不可能被当作一个大厨的（请注意，那时还没有速冻食品或外卖快餐等）。如果父亲晚餐想吃辣椒或者鸡，而我又不会做，我会打电话向母亲请教。那段日子里我很少有机会当面向母亲学些什么，因为她不可能在家里教我。自那时起，“感谢上帝赐予我们电话”竟变成我的口头禅。电话成了我的生命线，也是我和母亲最主要的联系方式。每当我打电话给她时，她总想方设法给我时间而且极其耐心地向我解释该怎么做。

“妈妈吗？你好！爸爸今晚想喝土豆汤。”

“土豆汤？好的，宝贝。首先找出那个大坛子，就是昨天你用过的那个，然后拿两个土豆……”

她每次都会把她认为我需要的每一个步骤都详尽地告诉我。我从没抱怨过什么，但我相信她知道有时我的工作实在太多了，因为每次当她讲完所有的步骤时，她总会加上一句：“宝贝，你能做到的。”

我的家境促使我必须做许多别的孩子不会去做的事。举例来说，如果我需要新衣服，就必须自己去休斯敦买。我经常在星期六作单身旅行，因为我的好朋友的家长不允许她们在没有大人陪伴的情况下坐街车。毕竟我们只有7岁。

别忘了——那时候小女孩的一件衣服要69美分，而鸡蛋只要19美分一打。妈妈可能会给我1.5美元，我就去挑一条连衣裙或一件短外套。我喜欢这么做，这是我一星期中最重要的时刻。唯一的问题是如何能使店员相信我有权做这样的决定。有时把钱拿出来给他们看已足够了，但他们还是经常要问：“你妈妈呢？”然后我就得作解释，再把母亲餐馆的电话告诉他们，并说：“你们可以打电话给我妈妈，她会告诉你们的。”购物以后，我会去克蕾丝商店买一杯可乐和一个烤多香果乳酪三文治，然后去看电影。我通常“在城里”度过这些下午。食物大概需要20美分，电影需要一毛钱，30美分可以让我拥有一个美好的下午。

当我刚开始作这些短途旅行时，总有些担心，不知我是否坐对了车，找对了路。那时我总会记起妈妈的话："宝贝，你能做到。"我肯定母亲已说过上千遍，而她也总是深信不疑地说这些话。现在我知道她当时对我所必须承担的责任一定也非常担心，只是你永远不可能听到她这么说。我想，母亲知道我能做到的。她的话成了我少年时代的主旋律，并且也伴随了我一生："你能做到！"

母亲给我的这份信心也一直伴随我成年后的生活。如果没有这些，玫琳凯化妆品公司可能在起步前就夭折了。那是在1963年，也就是在我当了25年职业推销员后，孩子们都已长大，我却觉得退休对我不合适。因此，我开始为自己的"梦想公司"策划发展策略和宗旨。我招募了一些销售员，并把所有的积蓄都投入我一生中的这次机会上。依据多年直销的经验，我开始逐步培训和管理美容顾问，我丈夫帮助处理公司的全部行政事务。我们收集了成箱的瓶瓶罐罐，上面贴着崭新的标签，写着："玫琳凯美容"（当然，后来改为玫琳凯化妆品公司）。

就在我们公司计划开张前的一个月，当时我和丈夫正在共进早餐，当他读我们公司最终的百分比数据时，我就像所有的妻子听丈夫谈论预算那样，漫不经心地听着，因为我认为那是"他的问题"。就在那一刻，他犯了致命的心脏病。

我相信工作往往是缓解悲哀的最佳方法。尽管尚未从震惊中摆脱出来，我还是决定公司照原计划如期开张。开设公司是我的主意，也是我的梦想，但从没想过我会独自一人来经营。我知道自己并不具备必要的管理技能，而且一旦公司倒了，所有的这些货品、化妆瓶、标签都将毫无用途。因此，我必须坚持下去。我向我的律师和会计师征求意见。律师摇着头对我说："玫琳凯，现在马上结束公司，收回所剩下的钱。如果不这样，你将会身无分文。”

我很希望我的会计师会给我鼓励。但在探讨过全部情况后，他说：“你不可能做到的。这种佣金制度将无法运作，公司什么时候破产只是一个时间问题，而你也将会有同样下场。”

在丈夫葬礼那天，我的儿子和女儿从休斯敦赶回达拉斯。或许这是最不可能决定是否开公司的时机，但情况已发展到刻不容缓的地步。葬礼以后，我们坐在起居室里，讨论着收到的推荐信。孩子们静静地听着。

我的儿子，理查，当时20岁，是Prudential人寿保险公司的销售代表，也是得克萨斯州最年轻的业务代表之一。他赚一份相当高的薪水，每月有480美元。（我认为这真难以置信，毕竟他只是一个孩子！）如果玫琳凯公司成为现实的话，我需要他的帮助，但我支付不了那样高的薪水。我深深吸了一口气，然后给他每月250美元作为帮我管理新公司的薪水。理查毫不犹豫地接受了，并不顾家庭其他成员和朋友的强烈反对，很快辞去原来的工作，来到达拉斯。

我的大儿子，本，那时27岁，已经结婚，有两个孩子。他不可能像弟弟那样快地把全家搬过来。但在听完我开公司的计划后，他说：“总有一天我会加入的。”他冷静而果断地把手伸进胸前的口袋，取出一本存折。存折的余额是4500美元——据我所知那是他上高中以来所有的积蓄。

“妈妈，”他说，“我想这世上你能做到任何你想做的事。”然后他把存折递给我，说：“这是我所有的积蓄，如果这能帮上一点忙的话，我希望你能接受。”

8个月后——当我们需要有人来接管已扩大的仓库时——本离开了他在

休斯敦的焊接公司，举家迁来达拉斯。那时他放弃了每月750美元的高薪，只拿和理查一样的薪水，每月250美元。后来我的女儿玛丽琳也加入了进来，并成为第一任玫琳凯休斯敦公司的董事。

1963年9月13日，星期五，也就是葬礼以后一个月，玫琳凯化妆品公司如期开业了。有9名推销员，我20岁的儿子出任财务理事，再加上我共11人。我是否能做好呢？我真的不知道！我并没有那只充满魔力的水晶球。此外，他们也并不理解我的公司的运作方法。我也清楚，永远不会再有第二次机会来把我的梦想变成现实。如果玫琳凯化妆品公司失败了，我将不会享有安逸的退休生活。我会一败涂地，那就意味着在我的暮年我还必须为别人工作。真是不敢想象！因此，无论别人怎么说，我都不会放弃我的梦想。孩子们说："你能做到!"那就是我的全部所需。

当然，孩子们已经长大了，而且相信他们的母亲能做任何事。事实上从他们出生一直到长大成人，我始终是他们情感和经济上的唯一支柱。他们看着我每天早晨5点起床料理家务，送他们上学，然后再去做推销赚钱。他们知道从放学回家一直到晚餐后，我总会在家，而后我又会离家去工作。很多年以后，我们的家搬进了更好的房子、更好的街区，我的孩子都知道这是我经过努力得来的。

理查和本都知道我的顾问们所说的话，但他们无条件地支持我。葬礼那天我获得了毕生最需要的支持，这使我安心并给我增添了新的信心。"妈妈，"理查搂着我的肩膀，轻轻地说，"我和本已经谈过了。从小到大，我们注意到你每做一件事，总能把它做好。如果你能成功地为别人做事，我们相信你为自己会做得更好。"

很可能那时候我的儿子们对玫琳凯梦的信心要比我更足一些！我知道

我做直销的方式，我也知道我注入公司的理念是好的，也是公正的，但怎能由一个20岁的男孩来管理这个公司？就在昨天，理查还只是个孩子，想要的最多不过是辆摩托车！是的，他曾是一个好学生，但他能帮我成功地运行一个公司吗？坦率地说，我从没敢设想让理查来代替我已故丈夫在公司的角色。我告诉自己："这将是个奇迹。"

但我太不相信上帝了。我应该知道，当上帝关上一扇门时，总会再打开一扇窗。我或许并不知道理查有多大的才能，但上帝知道。他已塑造了理查，并把他放在了能帮我经营公司的位置上。在我们公司开业后的第五年，理查被美国营销协会授予年度最佳经营者奖。那时，他是获此殊荣的最年轻的一位。后来，当玫琳凯化妆品公司成为一家上市公司时，理查成为纽约股票交易所诸上市公司中最年轻的总裁之一。从一开始，理查就是上帝特别赐予我的。他管理所有的行政工作，从生产到营销，让我有足够的时间和精力去指导和激励销售组织。我们是一个很好的团队——至今仍然是。我每天越来越多地依赖于他的金融知识。事实上，他甚至帮我核对个人支票簿。

即使得到了儿女们的全力支持，许多人还是认为我的梦想不会实现。所有的可能性似乎都对我们不利，但我母亲给我的信念一直在我的脑海里徘徊。每当目标看起来是多么的不可能时，我总会简单地重复她灌输给我的这些话："你能做到。玫琳凯，你能做到！"

迄今我仍然不清楚我梦想的实现应完全归功于谁。一位朋友曾对我说："玫琳凯化妆品公司是一个特定地点的神奇产物。"我想这是对的。在1963年，那些使现在妇女们享有财产与法律平等权利的社会力量尚未获得公众的支持。尽管如此，还是有了这么一家公司，给予妇女们很多我从未拥有过的机会。我认为上帝并不希望一个女人只像我母亲所做的那样，为了支撑家庭而被迫每天工作14个小时。我确信上帝会通过这家公司赐予妇女们一个良好的机会。对能尽一份力去引导妇女们走上这条道路，我感到非常荣幸。

“你能做到”成为玫琳凯化妆品公司每日的训言。经常会有这样的情况，某位女士因极想听到这句话而要求加入我们公司。她多半会是一位离开工作岗位多年的家庭妇女，她也可能从未在外工作过，然而现在因为离婚或丧偶而必须寻找职业。或许她在别的领域长期而辛劳地工作，却没有听到任何鼓励的话。无论如何，她通常需求建立她的自尊心和价值观。

显然她首先必须被告知“你能做到”。但我们不可能也绝不会仅停留在这一步。我们公司的基本宗旨将确保这位女士在其职业发展的每一个阶段都会得到悉心指导。遵循这一黄金法则，每位美容顾问和业务督导都将愉快地分享经验和热情，直到完全发挥各自的潜力。当她能更有效地去设定并达成工作目标时，就会在各方面变得更加自信。这就能够解释为什么当你向玫琳凯的一位美容顾问问及她的职业时，她也许会告诉你，她的职业已成为一种生活方式，而并非只是为了赚钱。

当然，她的成功并非归功于我们。从一个害羞或缺乏经验的美容顾问发展成为一名高级销售专家，取决于她自身的努力。我们所做的一切只是提供一些必要的指导和鼓励。可见她的才华无时不在，只是她未必觉察到这一事实。

可叹的是，多数人毕生都未能奏响真正属于自己的生命乐章。她们始终不敢尝试。为什么？因为她们缺乏自信。女人们尤其未能去发掘她们的潜力。例如，摩西婆婆直到78岁高龄时才开始作画。当被问到这一点时，她回答说只是她从未去尝试。然而现在只用了四年时间，她的作品就在都市艺术博物馆展出。我不禁在想，如果她早一点开始绘画事业，那全世界必将会有更多的人可以看到她那美妙的艺术！

在我看来，能看到那么多的妇女在成长和发展，正是玫琳凯化妆品公司最有意义的成就。当我们在“你能做到”精神中前进时，每人都在受益。常常会有这样的情形，某位女士刚进入我们公司时像一颗小而紧包的玫瑰花蕊，充满潜力却未能展现。经过几个月的赞扬和鼓励，她就会盛开成一朵美丽的玫瑰花，沉着自信地应用着新学会的各种技能。

在最近的一次大会上，我们听见一位美容顾问说：“我刚来玫琳凯公司上班时，我很害怕当着六个人的面说话，也不知道该如何完成我的每一次皮肤护理课。”而该女士的这番话却是在舞台上面对8000人、面带微笑、容光焕发地说出来的。我相信显然有人做得很好，曾对她讲过：“你能做到！”

如果你来访问设在达拉斯的玫琳凯总部，你会见到某位女士佩戴着一枚大黄蜂形状的钻石别针。可以肯定，她是我们最优异的员工之一。在我们的组织里，大黄蜂已成为成就的基本象征。我们选择它是因为大黄蜂代表着妇女们所共同具有的那一面。你们知道很多年前，空气动力工程师们曾研究过这一生灵，认为它根本就不应该会飞！它的翅膀太细弱，不足以让它过重的身体飞起来。这一切都似乎在告诉大黄蜂：“你永远不会飞行。”但我能想象，也许——只是也许——我们神圣的造物主轻轻地对它说：“你能做到！”因此它就飞起来了。

2 竞争精神

竞争能成为一种非常强烈的激励因素。我已懂得，当你向自己挑战并且从失败中吸取教训时，你就会变得最具实力。

在我成长的过程中，母亲经常告诉我："任何事你都能比别人做得更好！"在无数次听到这句话以后，我变得非常自信：我能做得更好。在母亲看来，我证明这一点的一条途径就是在学校成为全A生——B是不够好的。我不想让她或自己失望，因此总是尽最大努力达成她为我定下的目标。然而当我争取在班上得最高分时，我发现竞争并尽到自己最大的努力也已变成我的目标。那时候我从未想过要去击败别的孩子，我真心想要做的是让自己不断取得更好的成绩。这样我就开始迫切需要每做一件事就一定要比以往做得更好。我要卖出最多的5月游园会门票，或是最多的女童子军小甜饼。但更重要的是，我要比往年卖出更多的门票或小甜饼。

当我在事业上取得进步时，母亲所鼓励的竞争精神帮我度过了一些非常艰难的时光。面对每一次挑战，我都是集中精力与自己竞争。每逢周六我就会计算一周的销量并总是希望比上一周挣更多的钱。获得成功并不意味着我比其他推销员更有才干，而只是表明我愿意比他人作出更多牺牲。我心甘情愿去努力工作，并愿为成功付出代价。

当然我并不是总能达成目标。不过，幸运的是母亲也曾教我如何面对失败。每当遭遇失败，她总是鼓励我展望未来：下次会做得更好，要更加努力去尝试。对年轻人来说，极为重要的是懂得“你不可能事事都成功”。也就是说你绝无可能每一次都是最棒的。现在当看到父母们怂恿孩子去取胜时（就像他们在某些小型竞赛团队时所做的那样），我总会祈祷有人去教导这些孩子们如何接受失败，因为任何参与竞争的人都必须学会面对失败，学会如何从失败中走出来继续前进。

我很喜欢的一句话是：“失败一次，就向成功靠近一步。”我们可以从失败中学到很多东西。不是常听人说没有失败就等于从未尝试吗？我发现成功人士绝不害怕失败，因而也从不畏惧尝试。我经常对公司员工说：“如果比较一下我们的双膝，你们会看到我膝上的伤疤比在场的任何一个人都要多，这是因为我一生中有过无数次摔倒再站起的经历。”

早期的玫琳凯化妆品公司并不是经常能在世界上作出惊人之举。你今天所看到的这家公司是在经历了很多次失败和挫折之后才逐步创立起来的。但我总是展望着会有这样一家公司，每一位女性都能倾其全力，并因此而获得所期待的成功。从一开始，我们公司的大门就向那些女性敞开着，她们都相信只要努力工作并保持信心就能够征服失败。她们有勇气去梦想，并愿意付出代价。

我相信你可以得到任何你想要的东西，但都必须付出代价。在孩提时代，我就懂得了要有所获必有所失。当我是一名学生时，通常要放弃额外的一两个小时睡眠以保证学习时间。开始做推销工作后，则要放弃更多的睡眠时间来做家务管孩子。作为一名年轻的职业母亲，那又意味着要放弃社交生活。整天要工作、持家，还要管孩子，很难再有时间做别的事情。但我从未厌恶这些牺牲。我要很好地持家，买更理想的房子，搬向更好的社区。我知道要实现这每一个目标都要付出代价，而我的竞争精神总是使我感到所付出的代价是值得的。

竞争并努力去赶超也同样能带来乐趣！小时候从学校带回母亲所期待的A分成绩单时，我总是很开心。在初中，当发现自己已具备打字、即席演讲和辩论这三样才能时，我体验到更多由竞争带来的快感。

打字是我面对的首要挑战。我的老师戴维斯夫人悉心地指导我。在她的鼓励之下，我决心尽力成为最好的打字员。那时我最大的愿望就是拥有一台自己的打字机，但也知道这要多花很多钱，所以我从未提出这一要求。然而，母亲奇迹般地给我买了一台伍德斯托克牌打字机，令我喜出望外。直到今天，我还是不能想象母亲是怎样攒出那么多现钱的，更难想象她为了买下这台打字机要花多少时间来存下这笔钱。不过她就是这样，总会想出办法。母亲总是不惜一切地鼓励我去超越我所做的一切。她明白我如果有了自己的打字机，将有助于提高打字技巧。不用多说，那台用旧的伍德斯托克牌打字机成了我最珍爱的东西之一。看到母亲为买这台打字机所作出的牺牲，我更决心要成为一名专业打字员。当我把全班最佳打字员奖品带回家时，我真难以描述那时心中的满足感。

我小时候的另一个雄心，就是要成为一位优秀的即席演说家。和打字一样，我得到了一位好老师的指教和鼓励。初中时，我就参加了全州演讲比赛，并获得了第二名。令人激动的是我竟成了全得克萨斯州居第二位的最好的演说家！读高中时，我对正式辩论产生了兴趣。组队以后，我在辩论方面也同样赢得了一些荣誉。这些年轻时代的成就使我有勇气去实践并改善演说技巧。我仍在努力地完善我应邀所作的每一次演讲的每一句话。在玫琳凯公司大会上给数千名妇女演讲，对我仍是一种挑战，同样令我十分激动，并给予我像在以前演讲竞赛时同样的感觉。实际上，这种激动比过去更强烈！

母亲和老师们的鼓励对我非常重要，但回顾孩提时代，我觉得对我竞争精神影响最大的是我与多萝茜·扎普的友谊。小时候我只是热衷于我们之间的特殊友情，但现在我认识到，成为多萝茜的朋友使我置身于一片令人兴奋的崭新天地。我一定曾下意识地认为只要愿意努力去做，我就能在这片天地里争到一个属于自己的位置。

多萝茜家比我家的经济条件要好很多。我们两家离得很近，她家的房子是全社区最好的。多萝茜每天都穿着一件上过浆发出脆声的围裙上学(别忘了，那个年代洗过的衣服不是马上就可以穿的)。每天早晨她母亲会把她金色的长发弄得卷曲起来，直到她看上去就像刚从杂志封面走下来一样。而每天早晨，干净却平淡的小玛丽·凯瑟琳（玫琳凯）都要出现在前门廊与美丽如画的多萝茜一起步行上学。

我至今仍觉得自己在多萝茜家的那些早晨有一点点不自在，我总是显得偏胖。多萝茜则是个小巧瘦弱的孩子，她老是不想吃早饭。她母亲哄着她吃涂了草莓酱的烤面包，还要她喝一杯加冰块的牛奶。但只要她母亲一不留神，多萝茜就会把这些吃的塞给我。我能眼睁睁地看着这么好的食物被浪费吗？与我每天早餐固定的那碗麦片相比，多萝茜的早饭算是很奢侈的了。

我和多萝茜分享着成长中的女孩们所拥有的欢乐与忧伤。因我是优等生，所以扎普太太把我视为多萝茜的好朋友，总是欢迎我去她家。对我来说，成为多萝茜的朋友是件好事，这意味着我每天早晨都能吃到她的可口早餐，能与她全家同去她祖母的农场度假，还可以参加她家那诱人的圣诞欢庆会。

我孩提时代一个深刻的记忆就是扎普家的那些圣诞树。每棵树都是那么高大，树梢触到了高高的天花板，就好像要把整个房间填满似的。那时候人们从不去店里买装饰品，因此扎普家的圣诞树上挂满了爆玉米花、酸果、苹果和橙子。每年她家的圣诞树都似乎是全世界最漂亮的！

那时候我并未意识到我和多萝茜的友谊使我变得更具竞争性。但我知道，我是一个能让她尊敬的人（当然这也成为我必须保持全A的另一个原因）。因而当多萝茜得A时，我就要得A^+。这种竞争也扩展到其他方面。例如，如果多萝茜售出12张5月游园会门票，我就必须卖掉20张。她的友谊是那么珍贵，我所能做到的一切就是尽力使她觉得我是她值得交的朋友。尽管如此，我和多萝茜总是情愿分享一切，从不相互忌妒。

大约就在我们从道氏初级中学毕业的时候，多萝茜的父亲升了职，她家搬到城里最理想的地方，房子也更大了。我对她的新家印象太深了，至今仍记得那地址——伍德莱街4024号。她家搬了以后，我们就不像以前那样经常见面了，直到都长大成人了，我们才重新建立起紧密的联系。这段友谊真是美妙——至今难忘！

我早年还发展了另外一份持久而有影响力的友谊。与多萝茜相似，蒂莉·贝斯生长在一个远比我家富有的家庭。他父亲是一家隶属休斯敦警署的侦探所的负责人。我认为他是个大人物。蒂莉和她母亲看到我小小年纪就要为父亲烧饭做家务，所以就尽量照顾我。这两位女士教了我许许多多我需要知道的事情。蒂莉比我大一点，就因为我们年龄上有差距，我感到自己必须努力跟上她。我猜想那时我曾害怕，如果我做得不好，她就会不要我这个朋友了。谢天谢天，她可从来没有这个念头！

当我成为一名要养家糊口的年轻职业妇女时，是蒂莉又一次解了我的燃眉之急。那个时候可没有街区日托中心或幼儿园，一个外出工作的母亲不得不依靠家人或朋友的帮助照看家里的小孩。蒂莉住在街对面，在我外出进行推销演示时，她就帮我看管孩子们。我们的友谊在多年的交往中不断加深（我曾经开玩笑说，在我努力奋斗去攀登成功阶梯的那些年月，蒂莉成了我所需要的“太太”）。

进入高中后，我的竞争精神深深地扎下了根。我继续保持全优，我真心希望能成为班上的毕业生代表上台发表毕业演讲。但是，我决定用三年而不是四年来完成高中学业。从暑期班提前毕业毁掉了我的机会。当我目睹我的朋友多萝茜去赖斯学院读大学时，我生平第一次体验到了妒忌。我家是不可能负担得起我去上大学的，同时那时几乎没有奖学金。

那么我怎样才能与那些可以继续深造的朋友竞争呢？我明白必须有个壮举才行。而在那个年代对一个17岁少女来说什么才算得上壮举呢？你猜对了，我结婚了。他是一个被称作“夏威夷乱弹琴的人”乐队的成员，而且还是一个在休斯敦非常有名气的电台明星。我想他是一位很值得追求的人——那个时代属于埃尔维斯·普里斯利（猫王）那种类型的人。也许我不能上大学，但毫无疑问结婚是我帽子上一根真正的羽饰！

生平第一次我的竞争精神给我出了一道真正的难题，因为它驱使我去做了一些我最终会后悔的事。我们成了家开始共同生活。但是，就在因我丈夫工作变动而全家迁往达拉斯之前，我们开始不久的婚姻已经变得很不愉快。后来当他离家去参加二战时，我就成了我们三个孩子情感和经济上的唯一支柱。最大的打击莫过于我丈夫从战争中回来以后竟向我提出离婚要求。那真是我一生中的最低谷。那时我已经变得愿意尽心尽力去做好一名妻子和母亲，然而就在那天我尝到了完完全全失败的滋味。这是我一生中所遭受的最大打击。

但我没有时间坐下来伤心自怜，我还有三个孩子要抚养。为了这一点我必须找一份时间机动薪水也高的工作。时间机动灵活是非常重要的，因为我要在孩子们需要我的时候有时间去陪他们。做直销工作是一个自然的解决办法，因此我就成了斯坦利家居用品公司的直销员。

我乐意推销，但最能令我兴奋的莫过于公司的一些业务竞赛，这正符合我曾拥有的竞争精神。我特别记得那次真正点燃我竞争精神的业务竞赛。斯坦利家居公司宣布，谁能在一周内招募到最多的新直销员，就会被授予“达拉斯小姐”的称号。我确定那是我唯一能成为“达拉斯小姐”的途径，所以我决心去努力获胜。

我们的销售业绩通常是通过一个被称为“聚会”的群体演示会来达成的。达25人之多的客人被邀请到一位“女主人”的家里，销售代表会在那儿演示并推销斯坦利产品。对我来说非常重要的一点就是做足够多的销售以支付我的账单，所以我每天至少要安排三次斯坦利聚会。我明白我不可能在召集那么多聚会的同时还能赢得招募新人比赛，所以我就在某一个星期请别的斯坦利直销员替我去召开那些已约定好的演示会。这样一来我就可以集中精力去招募新人。

我推想着我已有一个去招募新人的绝妙途径——通过我的记事簿。因我举办过多次聚会，所以那本记事簿上已填满了很多以前聚会的女主人的名字。我坐下来开始工作了，按我记事簿上记录的名字，给每一位女主人打电话。也许有些人一开始就会告诉我没有兴趣当直销员，但情况会有变化的。所以我给每人都打电话！

我会说："你好，贝蒂·安。我们公司计划在你们区增加一些人手，我自问谁会成为最佳人选呢？我认为非你莫属了！你想出来工作吗？"

她可能会犹豫不决地回答："唉，玫琳凯，我拿不定主意。"

我就这样说："今天下午我去你那儿，和你谈几分钟，还会带些资料给你看。下午2点钟方便吗？"

在整个一周里，我利用上午时间给以前认识的女主人打电话约会，然后下午就做招募工作。我一心想赢得竞赛，我真的做到了！我的业绩是在一周内招募了17位新人。为了取胜我宁可舍弃大把的销售佣金，但结果一算，那周我所挣的钱居然与平时一样多。你知道，很多女士在接到电话后，刚开始表示拒绝加入我的公司，但末了她们会说："很高兴你打来电话，我需要一些……"或者说："我嫂子刚才告诉我这几天会有一个聚会。"

这一切现在看起来似乎微不足道，但我仍然保存着"达拉斯小姐"的绶带。对我来说得到认同和赚取金钱一样至关重要。我相信自己并非是周围妇女中唯一勇于竞争的人，所以当我打算组建自己的梦想公司时，我牢记着这十分重要的一点。可以肯定，那时有些妇女不会为金钱而辛苦劳动，但为了得到重视她们却会加倍努力地工作。我们要建立的公司应能最好地发挥人的竞争因素，因而要尽可能避免那种只有极少数人会取胜的竞赛。毫无疑问，当你与自己竞争时，这种竞争是最有效益的。所以在玫琳凯化妆品公司，每个人都能成为赢家！

正如那条“达拉斯小姐”绶带是我获胜的标志，每个组织都会设计出自己的奖励标识系列。我曾工作过的一家公司对达到1000美元月批发销售指标的员工采用的奖励方法是授予小巧的爱心杯。你知道我当然会努力去获取尽可能多的爱心杯。我把它们放在壁炉架上，很快那儿就放不下了，数量实在太多，我只好把它们都竖直叠放在壁橱的一个盒子里面。拥有这些爱心杯的唯一乐趣就是当有人问：“这一大堆爱心杯能派什么用场？”我会回答说：“当然是用来示爱。”

这个例子表明奖励标识应该既美观又实用。我们玫琳凯公司以其特有的奖励标识而闻名世界，它们包括汽车、毛皮衣、梦幻旅行、钻石等。不过这一切始于我称之为“金杯俱乐部”的那件事。我的主意很简单，当一名美容顾问在一个月内做到1000美元的业务量时，她就能赢得1只漂亮的镀金高脚杯；一旦有人积到一套共12只酒杯，她可获得一只与酒杯配套的托盘；积到20只酒杯后，她将得到1只水罐。用不了多久她家就会拥有一整套漂亮的餐具。

我十分激动地把这一计划告诉了理查：“只要她在一个月内售出1000美元的货品，就可赢得一个金杯。”

理查用怀疑的眼光注视着我，“我们的计划要切合实际，”他说道，“我们最出色的员工一周销售额也只有150美元左右。而你却在说什么一个月销售1000美元？难道你认为她们会为了赢得一只无聊的杯子而拼命去销售吗？”

你要知道这事可是发生在那个年代，那时候在我们所公布的优秀员工名单上，周销售额为100美元或更高的全部人数也不过区区五个人。但我难以忘怀“达拉斯小姐”竞赛。我认为最关键的是要让人感觉受到重视。

“是的，理查，”我坚定地说，“她们会为此而努力。这将是独一无二的俱乐部，而且只有少数人会赢得金杯。她们之所以会为此而努力，是因为她们需要这金杯所象征的那种认同。”

“我想你是糊涂了。”他说。在他看来，这世上没人会为了赢得一个酒杯而把自己弄得筋疲力尽，即使这酒杯是镀金的。

然而很多妇女这样做了。为了赢得那些酒杯，她们向自己以往的销售纪录挑战。过了一两年，由于分发了过多的酒杯，我们不得不终止这项活动。若干年后，因为很多美容顾问拿这些屡屡获得的金杯实在派不了用场，我们开始探讨公司可否考虑把这些酒杯再买回来。

经过这一早期的活动，我们开发出了“成功阶梯”竞争标识。这同样也是基于这样一个原理，即向自己挑战才是最佳竞争。“成功阶梯”是一枚金别针，那上面每级阶梯和每颗宝石代表着不同的个人地位。美容顾问和业务督导们都非常骄傲地佩戴着她们的“成功阶梯”别针。谁都知道，如果某人的“阶梯”上布满了钻石，那她一定是一位星级员工，就像在你西服翻领上佩戴了全优成绩卡一样。

在玫琳凯公司，我们尝试举办让每人都有机会获胜的竞赛。通常的竞赛只设立第一名、第二名和第三名奖，而其他人则成了失败者。我曾被一家直销公司聘为全国培训主任，而这家公司正是采用这一方法来“激励”员工的。我的培训对象是销售人员，所以需要去很多城市。那时候我常说干这项工作我最需要的是一件石棉外套，因为我无论去哪儿，都必须先“灭火”，然后才可开始认真培训。对正在猛烈攻击你的一群人，你是不可能教也无法激励他们的。

在公司里，我不想见到任何人靠踩着别人的肩膀来赢得比赛。那种竞争只会有害！安德鲁·卡内基曾说过：“第一个人得到蚝肉，第二个人得到外壳。”只有一名获胜者的竞争可以激励一些人，但我相信，它通常也会产生副作用。在玫琳凯公司，每人都有机会得到蚝肉、外壳还有珍珠。但我们更进了一步，不用珍珠，而是奖励蓝宝石、红宝石和钻石。

今天，玫琳凯化妆品公司已不再仅仅是一个退休后的念头或痴心妄想，它已成为现实。而对我来说，真可谓梦想成真。最开心的是我每天都目睹其他妇女们也在梦想成真。

3 我的梦想公司

我花了25年时间在由男人统治的商界构筑我的事业。说句真话，在1963年退休时，我从未想过要组建自己的公司。

不过对于一个成功企业的结构与运作，特别是有关妇女们如何才能克服那些我所遭遇的困难，我还是有一些见解的。因此我决定写一本书。我的职业主要涉及员工的发展与培训，所以我想就这一点为职业妇女们写一本指导书。我着手列举在我职业生涯里看到的所有美好的事例，以及我对于一个企业应按黄金法则来经营的一些感受。如果一位雇主对待雇员和顾客们的态度能像该雇主期望他们对其本人的态度一样，大家都将受益。随着列举的事例越来越多，我开始梦想有这样一家公司，妇女们能在这里拥有完全发挥自己技能与才华的机会。事实上她们喜爱那些通过轻松地实现目标就能获取的奖赏。

“真是妙极了”，我一直这么想着，“真会有人来开创这家公司吗？我愿意为其工作。”突然间我意识到大可不必在此坐着空想，我自己就可以来开创这一梦想中的公司。我只需某一种便于妇女们推销的产品。一天晚上，当我准备上床睡觉时，答案从天而降，而且是那么显而易见——用我喜爱并使用多年的护肤品作为梦想公司的产品，它是最理想的。

在20世纪50年代初期的一次斯坦利家居用品聚会上，我发现了这些护肤品。大约有20位妇女参加了这次特别的聚会。她们的年龄，小到19岁，大到70岁。在我演示斯坦利产品时，我一直注视着聚在我面前的人群，很惊奇为何这些年龄不同的妇女们的肤色都是那么“完美无缺”。当时那些所谓的“粉红灯泡”已面市，并声称要让每位女士都像沐浴在“烛光”里一样，但这些灯泡无法解释我所看到的那些漂亮肤色。

演示会结束后，我们聚在厨房里喝咖啡。就在这里我注意到，女主人拿出一些有黑色盖子的白色小瓶，这些瓶子上贴着用铅笔写的标签。在分发这些小瓶的同时，她在一本作文本上做着记录，并给一些指导，例如：“好，让我想想三号你已用了两星期，你再把四号用上17天吧。”

这一定就是那些漂亮肤色的奥妙所在！因为女主人没给我这些乳霜，我就问道：“你在做什么？”她解释说这些人是她的“试验品”，她觉得自己可以因护理好在场所有人的皮肤而出名。除我之外的所有人！

然后，她仔细地查看我的皮肤，发现我的问题在于脸上有“粟粒疹”。当着20位女士的面，她还加了一句：“你有死皮！”没有特别的奉承，但我知道她说的全是真话。那天夜里她送给我一鞋盒护肤品，它们也就是当今玫琳凯公司护肤品“基本套装”的前身。她把洗面奶装在药瓶里，而其他护肤品则被装在一些可反复使用的小瓶里。使用说明的纸条就放在鞋盒里，上面的语法和拼写错误比比皆是。

我真是难以想象包装如此粗劣的护肤品能有那么大的功效，而此时我周围的女人们正开始谈论她们肌肤所得到的明显改善。她们看上去的确不错，但我心里却在想："并不是这些护肤品真的都那么好，她一定给这些女人洗过脑了。"

光是试用这些样品就花了我一两天时间，我还用了一个下午为自己做面膜。我那10岁的儿子理查放学回来后，在我脸上亲了一下，说道："哎呀，妈妈你脸上好光滑！"当时我就明白了是怎么回事。

很快我就成了一个忠实的美容迷，迫切地到处搜寻那些奇妙的护肤品。那位女主人告诉我，她是从她父亲那儿得到配方的。她父亲是位制革工人，他注意到他的双手看上去比脸嫩得多，而唯一的解释就是在上班时他的双手总是要浸在用于鞣革的溶液里。他认为既然鞣革液能把僵硬而且布满难看粗毛孔的动物皮处理成柔软的皮革，那么这种液体也一定同样会使他的皮肤变得柔嫩。因此他开始在自己脸上涂抹改造过的鞣革液来进行试验。在他73岁去世时，这一试验使他的肌肤仍保持着很好的色调和弹性，使他看上去比实际年龄要小很多。

他证明了自己的观点，但从来没有女人像他那样试过，这是因为他的"面部鞣皮法"操作起来费时间，气味重，而且令人不舒服。除他女儿外，别人都嘲笑他的想法。她搬到达拉斯学习了美容学，后来将她父亲的配方改成了乳霜和搽液，这样这些产品就变得很柔和，比较适合妇女的肌肤。那天晚上聚会时，我在她家厨房里所看到的正是这些改良后的护肤品。几年后我又去她家买了一些形状古怪的小瓶，并把这些美妙的护肤品介绍给我的亲友们，我母亲成了一个热衷的消费者。一次感恩节，母亲生了重病，我特意赶到休斯敦去看望她。在我探访她的那几天，母亲觉得自己脸色太难看，不愿走出家门。我留了一部分护肤品给她用，并说："不知道它们对你是否有用，但对我的皮肤很管用。试试吧！”

她这样做了，每天都按步骤使用晚霜、洗面奶、面膜以及粉底霜。当我圣诞节去看她时，母亲对那些特殊用品已深信不疑。母亲对她的护肤养颜法信心十足，直到87岁去世时，她的皮肤还是那么漂亮，大多数人都以为她还不到60岁。因知道这些护肤品很特别，所以1963年我就从那位制革工的继承人手中买下了原配方。我也清楚如果有好的产品包装、新颖的营销观念和大量辛勤的劳动，我的梦想公司就能成为现实。

在开办一家公司的时候，通常要确立一些财务指标，诸如“我们第一年将要做到10万美元的营业额”，所以在玫琳凯化妆品公司初创时期，自然有人经常问及我的财务指标。我的回答往往令人惊讶——我没有任何财务指标。我的目标是要给妇女们提供一种机会，让她们能轻松地去做一些事情。因此我认为“P”和“L”不仅仅代表Profit（利润）和Loss（亏损），还表示People（人）和Love（爱）。

在构想玫琳凯化妆品公司的前几年，我又结了婚。我丈夫在死于心脏病以前一直负责管理公司的经营计划和行政事务，而我则负责营销。他常向我解释为何必须在买入商品的价格上加价后再卖给顾客。他说：“只有那样才能让公司不破产。”他的忠告都被我当作了耳边风。我对任何企业的金钱部分都不感兴趣，在1963年我只想给妇女们提供一些她们在其他地方得不到的机会。那时候，绝大多数公司都不会给妇女提供一间经理室。当然，如果一位女职员的确很出色，她或许会成为某个高级官员的助理，但最多也不过如此了。在25年里我看到无数有能力的人事业受阻，而唯一的原因就在于她们是女性。

我自己也因妇女缺少机会而受过挫折。一家公司付我2.5万美元的年薪聘我做国内培训主任，但我实际所做的是全国销售经理的工作，我得到的薪水远低于该项工作应得到的报酬。我经常被要求带一位男士出差并一路培训他。培训了6个月以后，那位男士回到了达拉斯。让我大吃一惊的是，他竟得到比我高一倍的薪水！这种事不止一次发生在我身上。他们告诉我这些男士需要养家，所以理应挣得更多。这真让我感到气愤。我同样需要养家呀。那时候，在男人经营的公司里，一位妇女的智慧好像只值半个美元。更无礼的是妇女的建议几乎得不到尊重。每当我提出一个很好的营销计划，总是被这样一句话无理驳回："玫琳凯，你真是妇人之见！"我知道在我的公司里"妇人之见"将成为优点，而不是缺点！

但光有这些还不够，我为梦想公司构思了另外一些独特的计划。因为我有在多个直销机构的工作经历，所以我认为应该取消指定区域的做法。记得正当我每月可以从我所管辖小组的销售中得到1000美元佣金的时候，我丈夫在圣路易斯找到了一份新的工作，而我不可能把整个小组带过去，这样就失去了按直销员们销售业绩计算的全部佣金。而我为了招募、培训和激励这些直销员已花了8年的心血，这显然是不公平的。我建立了一个销售区域，却由别人来继承那些很能干的直销员以及基于他们销售业绩的佣金。

我们玫琳凯公司不设区域。一位美容顾问可以去夏威夷、加州或任何其他地方度假，同时就在当地发展新的美容顾问。她可以家住克利夫兰，而在去奥马哈看望她姐姐的时候招募新人。无论哪种情况，她作为招募人能够根据被招募人的批发购物量获得一份个人招募佣金。说得更透彻一点，奥马哈的营业主管将对这位新人负起责任，培训她，让她参加在奥马哈的小组会议，并指导她攀登"成功阶梯"。然而所有适当的佣金都会返回到克利夫兰最初招进那位新人的女士手里。我们把这称为"养女"方案。

奥马哈新人可以继续招募其他新人，而且只要她和她在克利夫兰的那位介绍人都还在公司工作，则招募者就能获得基于新人销售表现的佣金。

任何财务顾问都认为这一机制无法运作，而事实正相反。今天，玫琳凯公司已拥有几千名销售督导，大多数都在不止一个州开展工作，不少人的工作地区超过了12个州。每位销售督导都从在其他城市招募的新人销售中获益，同时也帮助别人培养本地的新人作为回报。

有人批评说："谁会在拿不到一分钱佣金的情况下去培养一位'养女'？我为何要将你的人带上'成功阶梯'而让你拿佣金呢？你真蠢！"但我们的销售督导们就不这样想。有些督导甚至带了75名到100名"养女"，这的确要耗费很多实实在在的时间和精力。但她们都这样认为："我在帮她，而别人也正在其他城市帮我培养新人。"这一机制运作良好。当然我不否认这一方案在已有的公司的确很难实施，但绝对适合于任何新组建的公司。

这一机制之所以运作良好，是由于它依据的是黄金法则，我们有时也称它"乐施"原则。在玫琳凯公司，我们重视给予胜过获取，并把这一宗旨应用到各个方面。例如：在对美容顾问讲授与顾客交往的艺术时，就引用了"乐施"原则。我们经常强调，在一名美容顾问的眼里和心中绝不能闪动金钱的影子。不是"我今天能卖出多少货给这些人呢"，相反，她一定要这样想："我今天应该做些什么，好让这些妇女离开时自我感觉比以往更好？我怎样才能帮每位女士开发一个更积极的自我形象？"我们都知道如果一位女士感到外表漂亮，她的内心也会变得更加美丽，而且她会成为一名更好的家庭和社区成员。

玫琳凯公司的另一块基石在于，我想给予顾客们一个机会，让她们在自然舒适的环境中充分了解化妆品的有关知识，然后再决定是否购买。早在创办公司的时候，我已明白大多数妇女并不知道为什么要买某一种特别的护肤品，也不清楚如何让这一用品达到个人护肤要求。简单地说，她们根本不知道怎样护理自己的肌肤。通常的做法就是分别在百货公司和药店里各买一小瓶护肤品，再加上一些从别的地方买来的其他东西，然后随随便便一古脑地搽在皮肤上。我知道这一事实，因为我自己最初就是这样做的。我买过几百种化妆品，几乎都没用过。这些化妆品在商场里看上去漂亮极了，但当我把它们买回家之后，却未让我满意。我把这一情形视作向妇女们全面讲解有关护肤知识的大好时机。

为了实现这一愿望，我创办了小型销售演示会（或美容护肤班），参加人数限定在5—6人。而其他直销公司则看重“聚会”，并让一位女主人邀请20—25人观看产品演示。在我看来，“聚会”这一体制会产生一些问题。首先，很多女主人觉得她们家里容纳不下这么一大群人。也有人会说：“我必须提供茶点，而我却没有那么多的好杯子！”不过最关键的还在于，这种大规模的产品演示常常会让参加者感到与个人无关。我希望我们的美容顾问以小组形式开展工作，以便每位参与者都能得到应有的关注。当只对五六个人进行指导时，我们的美容顾问就能够准确估计每位女士的实际需求，并从容回答所有的问题。例如，她可以教会每位女士如何清洗皮肤，怎样把单薄的双唇涂得看上去丰满一点，或是如何应用画轮廓线的技术使她的圆脸显得椭圆一点。一对一的美容过程成了我们的特长。我要让每一位女士在离开玫琳凯美容护肤班的时候都能掌握保持健康肌肤的方法，以及使用化妆品增加自然美的诀窍。

随着玫琳凯美容方法逐渐流行起来，我们开始探讨在一些百货商场销售我们的产品。但这种做法并不适合我们。绝大多数妇女不太情愿把她们的化妆品拿到公共场合，或者把逛店的时间花在咨询美容事宜上。但如果没有正确的指导，一位妇女在家里试着重塑“面孔”时，很可能看上去会像商店里出售的琳达·埃文斯（神态怪异的布娃娃）和感恩节时的德拉库拉（吸血鬼之王）面具。在家庭的氛围里，女人们可以在自然光线下，在梳妆台前完成自己的化妆。女人们一旦接受这一指导，她们会把今天所学的正确地用上一辈子。

同样重要的是，当一个女人有机会用这种方式学会皮肤护理时，她就只会去购买她所需要的那些产品。正像我所提示的，玫琳凯公司的美容课原则上是指导而并非销售。事实上，我们吸引了许多美容顾问，如果她们曾是我们强卖的顾客，今天就不可能和我们在一起。但所有这些妇女都共同具有两种个性特征：她们乐于助人，同时她们也喜爱阐述新思想和捕捉重要信息。每一个成功的美容顾问都喜爱用她的热忱和丰富的知识来介绍我们的产品。简单说来，每个人都热衷于成为皮肤护理课的讲师。为了和我们的教育方针相一致，我们是能保证无条件退款的极少数公司之一。毕竟，如果你尝试了一种产品而且知道它对你并不合适，那也是一种进步。一旦你能对化妆品作出正确的选择，你将成为我们乐于见到的那种顾客。

在梦想公司里，我想要避免出现的另一个问题是，顾客在付款后两三个星期才能收到她的货品。就我本人而言，我是很性急的。当我想要某件东西时，我就要立刻得到它，不愿意等上三个星期。毕竟，三个星期以后，我可能会忘记起初为什么想要这件东西。如果一个直销公司要争取保持几百件货品的产品供应线，这些货品的分发问题就会严重起来。一个独立的美容顾问不可能奇迹般地迅速提供顾客所购买的化妆品。因此，在玫琳凯公司，我们的宗旨是有目的地把产品限制在少数几种主要的护肤品和化妆品上。我们鼓励每个美容顾问先订货，然后发货，在做销售演示的那天再收钱。我们并不要求美容顾问按特定的数量来购买产品，但那些习惯保持适当存货的美容顾问很快就明白了一个事实：一旦顾客能带着产品回家，她们就会爽快地购买。

在这章开头我就说过，我希望给妇女创造机会，让她们充分发挥自己的潜力。营销策略、独创的佣金方法、产品开发和货品分发技术都是我计划里的重要因素。但我清醒地看到，假如我们不能确立一个合理的财务政策，我的梦想是永远都不会实现的。这意味着我必须精打细算，学会理财。问题是怎样才能既保障我们公司的偿付能力，又总是给美容顾问提供最佳的佣金幅度。用现金是最合适的，其他直销公司失败的主要原因就是令人头疼的债务。许多优秀的销售代表消失了，不是因为他们不诚实，而是因为他们不懂理财。

在玫琳凯化妆品公司，我们的美容顾问和督导都预付每种货品的钱。她们付现金支票、汇票或信用卡。订货时，我们不接受任何个人支票。这不是缺乏信任的问题，而是我们对美国式款到提货的明智之举绝对信任。玫琳凯公司的任何员工都不能对公司欠债，其结果是我们几乎没有欠账，也不用因讨债而发生任何费用。最妙的一点，由于我们以较高的佣金来分配我们的收入，因而每个人都能得利。每一个玫琳凯公司的美容顾问都是一个独立的商人，我们鼓励每位员工以同样的方式来完成她的事业。

绝大多数财务专家对我们的制度感到惊奇。以往这种制度在像我们这样规模的公司中是闻所未闻的。事实上，当我开始创立公司时，我的会计师看着我计划中的分货方法和高佣金方案说："玫琳凯，这是行不通的。你不可能先收取现金，然后从收来的整笔美元中再拿出钱来支付这么多杂七杂八的零头。这样的操作太麻烦，而且绝对行不通。"但我儿子和新来的业务搭挡计划了所有的细节。理查说这会行得通，而我知道这个计划一定行得通！

不光我的会计师不相信，许多热心人包括我的律师都劝我，说我的公司不会成功。毕竟，谁都没有听说过一个建立在黄金法则之上的公司。我的律师甚至从华盛顿特区邮购了一本小册子给我，上面详细地罗列了每年破产的许多化妆品公司。许多人一遍又一遍地对我说："玫琳凯，你在做梦。"

是的，我是在做梦，那就是一切的开始。但当我回首这个公司里所发生的一切时，我更确信这远不止是一个女人的梦。我相信很久以前当我坐下来写我的培训指导书并开发自己的梦想时，上帝已用他无穷的智慧创造了一份计划。他的计划就是把我的梦想公司当作全世界所有妇女实现理想的工具。与那紧紧关闭并标着"男士专用"的大门截然不同，我们公司有着一扇永远敞开的大门，上面写着邀请词："欢迎各位——尤其是女性。"

4 早期的玫琳凯公司

感恩节那天全家人来我的居所团聚是我们家的传统。前几年，当我正在为全家人准备节日聚会时（那时已有53人），突然意识到，我没法把买来的两只大火鸡同时塞进烤箱里。这的确是一个问题，因为如果提前一天先烤好一只火鸡的话，那么等到第二天感恩节吃它的时候就不香了。尽管我还有一只微波炉，但我喜欢长时间慢慢烤出来的火鸡。

我想起藏在我车库里的一件东西：旧但可信赖的火鸡烘烤炉。抹去灰尘，试用了一下，确实还能用。“忠实的老伙计，”我想，“你永远不会让我难堪。”刹那间我脑子里充满了许多美好的回忆。在1964年，我曾用这只火鸡烘烤炉为我们公司的一周年大会烤过鸡。

等把烘烤炉擦干净，我真想掐自己一下看看是否在做梦。就像过了一辈子，但其实只有20年。我告诉那只又旧又老的烘烤炉：“宝贝，我们已度过很长的岁月！”

玫琳凯化妆品公司的第一个总部是一个500平方英尺（约46.5平方米）的店面，位于交易广场，那里是达拉斯最大的银行和商务中心。正像我所说的，我们是在1963年9月13日星期五开业的，正好是我丈夫去世后的一个月。我把我所有的财产（5000美元）都投入购买配方、瓶瓶罐罐以及二手的办公用品上，然后开始冒险历程。

我和理查对公司选址寄予厚望。交易银行占据了大厦底层的绝大部分，而其余的大多数楼面是一些国家级公司。当然也有一些小商号，包括咖啡厅、杂货铺、药店和一家餐馆。我们的办公室设在商业区，这里能向整幢大厦里的5000名妇女提供膳食。我们确信能够从这一内部市场中获得大量的销售额。每天她们来上班时都会从我们这里经过，晚上下班后她们又会再次从我们这里走过。开业以后的很长一段时间里，在这一点上我们一直是绝对正确的——她们正好路过！早晨，她们急匆匆地来准时上班，而晚上她们又归心似箭。我们仅有的优势在于她们每天有两次喝咖啡休息的时间。不久我们开始提供你从未见过的快捷式面膜。我们甚至学会了用电扇来快速吹干面膜。

但正像我所说的，我们依然充满希望。我们预计，女士们不太愿意只是为了了解一下那些莫名奇妙的化妆品系列而到我们公司里来。女人们常常会说："我用×牌很多年了，十分满意。"因此，我们需要能吸引顾客的东西。我想到了给顾客提供假发。在1963年，假发是一个很热门的产品。因此我去佛罗里达州接受了专门的培训，还购买了高质量的人发制成的假发。现在万事俱备了。我知道如果失败了，我就得在后半生继续为别人打工。

举行一个隆重而又有吸引力的开张典礼是理查的主意。我们聘请了巴黎的理尼（一个著名的假发设计师）来设计那天要出售的所有假发。我们还聘请了一个可爱的小模特来为顾客倒香槟。我承认，我永远不会喜欢香槟和模特。但我也知道自己有些老派，所以也就听之任之。毋庸置疑，模特会吸引谁呢？当然是这幢楼里的男人们，而不是女人。我们出售了差不多一打假发，理尼把它们设计得非常优雅。很自然，有着黄褐色头发的购买了淡黑的假发，而有淡黑头发的人正好反过来。

直到星期一下午，我们还沉浸在开张日营业业绩的兴奋之中。而正在那时我们发现，让顾客买一个与其自身头发明显不同的假发是一个严重的错误。一个假发应能使女士的衣橱增色，并可在其无暇梳理发型的时候仍能保持良好仪表。我们只是按顾客的要求出售用品，并没有意识到将这一事实告诉她们的重要性。很自然她一回到家里，亲友们就会惊叫起来："金发姑娘！你怎么变成这个模样啦?"那时我们尚没有特制假发的退货规定，但认真对待和处理任何要求，直到每一位顾客都满意。

有了那次经历以后，我们非常仔细地为女士们选择那些颜色适宜的假发。事实上假发可作为一个叫座的节目，招揽女士们购买化妆品。公司的美容顾问们带着假发去讲授护肤课程，而我们的业务重心是皮肤护理，所以在面膜做完之前，那些假发是不会被展示出来的。带着假发去授课产生了各种新的问题。首先，为某位女士设计的假发可能完全不适合其他人，因此美容顾问不论到哪里授课时都必须带上好几个昂贵的假发。而且，稍不留神，一个假发就可能被毁掉。

最后一点，那些假发占据了我们交易广场店面的大量空间。我们只能在里间设计和贮藏假发，以致整个屋子老是散乱地摆放着吹风机和卷发器等。因为外间要接待顾客，所以那儿总要保持漂亮的摆设，而那些"假发行头"意味着我们没有空间贮放化妆品了。最终我们被迫租用了一间地下室作仓库。我们的问题还只是刚刚开始，因为必须出商店区，走过半条街，下一个很长的阶梯，再走几百码路才能到达那个地下室。加起来大约有两条街的步行距离。理查在管理财务的同时还要兼管去仓库照单发货。

我一直要求理查保持商务人士的装束（尽管他看上去仍像一个小青年）。每做一笔生意，他总是一本正经地拿着订单对我说："妈妈，我一会儿就回来。"然后他就直奔楼梯，一边走出商店区一边开始脱外套。到了仓库，他已脱掉了外套，去掉了领带。发完货后，他又系紧领带，穿好外套，并整理一下双肩，跑回店面，递给顾客货单，表现得你所希望的那样尊贵。当然在这些楼梯上来回奔跑，毫无疑问让他累得够呛。随着我们业务的增长，他的行政事务也在增加，直到他哥哥本加入，理查才从这些沉重的事务中解脱出来。本就在仓库的外间工作，我们只需打电话把订单告诉他就行了。

早在1965年，理查就已声称："我厌倦了这些假发，我们必须撤掉它们！"假发也的确变得越来越不可思议。我们估计了一下，美容顾问卖一个假发大约需要花费8个小时。她得先带顾客来店选定假发，然后让顾客再来一趟取走做好的假发。这是很费时的。取消假发买卖最终成为一个很好的决定。这样一来我们的美容顾问就能全力以赴销售化妆品，而我们的销售在接下来的一个月就达到了两万美元。

直到那时，我们仍然是一个真正的家族公司。过了不久，我的女儿玛莉林也加入进来。当我们的生意进行了两个月左右时，我去休斯敦的玛莉林家看望她，并送给她满满一盒我们的化妆品。没有任何培训手册，只是一个美容盒。我说："拿了这些东西做点什么。"当然，玛莉林常年都在使用这些产品，所以无须我多说什么。除了照看她的孩子，玛莉林全力投入了工作，并成为我们首批业务督导之一。四年当中，她一直都是我们最优秀的销售代表之一，直到她因背部发生病变而被迫离开公司。我确信，如果她能继续工作下去，一定能成为我们公司中最出色的业务督导。

第一批美容顾问（总共9人）和我们一起工作，她们都是我们的朋友，而且相信我们会成功。虽然我也渴望招募一些更富有经验的销售人员（的确也有许多人选），但我决定绝不去挖别的直销公司墙脚。我的第一个美容顾问德拉妮·怀特，过去曾在我丈夫的公司工作，她和我在一起纯属是因为她是我的好朋友。现在，德拉妮已是一位全国销售督导。她的收入已远远超过她任何一个最大胆的梦想。她是玫琳凯公司的首批百万富翁之一。当一位全国销售督导佣金收入超过100万美元时，她就会得到这一荣誉称号。到今天，玫琳凯公司已有74位玫琳凯百万富翁，其中27位是拥有几百万乃至上千万美元的富翁。起初只是一家“希望加祈祷”的公司，能发展到现在的局面，已经相当不错了。

一开始有些美容顾问加入我们公司只抱临时的打算。很显然，我是这样地充满热忱，她们无法说不。当然有一些仍然说不，她们只是静静地看着并等待我们的破产。往回看看，你可以说她们犯了一个错误，但记住，在当时我们真的不知道我们所做的一切会有什么结果。所有的事都在试验阶段，我们只是任劳任怨拼命地干下去。

对经理们来说，有“实战经验”是非常重要的，这也会让她的销售人员感到她具有真正重要的价值。因此，开始时，我也做演示。但我了解到人们并不欣赏公司的老板来做最低级的工作。她们会问：“你是这家公司的老板，为什么跑到我家里来做面膜？”“这肯定是一家很小的公司。”很显然，她们觉得如果公司那么小，它的产品就不会很好。我实在非常喜欢上美容课。但根据我过去的经历还有美容顾问对我的劝告，我认为最好还是不去上美容课。过了一段时间，我们已能够进行规范化的销售演示和销售训练。

我一开始就非常注重改进美容顾问的指导手册，并为此非常努力地工作，当第一本手册完成时，我觉得它非常吸引人。这本手册总共只有五页，其中有一页是“欢迎信”。而今，玫琳凯公司的《美容顾问指引》已远远超过200页，它是由我们公司所有成功的业务督导的经验和知识演变而来的。

我们开始推出的基础护理系列包括清洁霜、磨砂面膜、皮肤清洁液、晚霜和防晒粉底。这些化妆品都被放进一些小小的瓶瓶罐罐中。每一个美容顾问都有这一个系列，为的是可以让到会的女性试用。而这一切都发生在我们知道美容卫生以及皮肤极易被微生物感染之前。现在想起来，真为我当年的无知而感到惊讶！

我们一直很清楚，基础护理系列中的五种化妆品需要一起使用才能达到保养肌肤促其美丽的目的。但刚开始我们却总是把这个系列拆开，按人们所需出售。几个月以后，我们有时会接到那些只买了几款的顾客的电话。她们说：“这种化妆品对我不起作用，究竟是怎么回事？”起初如果有人要买，我们甚至还零卖粉底。这个产品适合不同的皮肤，并以黄色为基调，可以掩盖红斑点或疙瘩。假如一个美容顾问同时和三个顾客在一起，每一位顾客都只需要每款的一点点——就拿黄色的防晒粉底为例——我们的美容顾问就会用一把小刀和一些蜡纸，把一盒粉底分成三份，然后让顾客自己抽签决定谁能得到盒子。我难以相信我们会那么做，但我们的确做了！把一个系列拆开就像给你一份做巧克力蛋糕的食谱，但却没有巧克力或糖。这不应该是我的蛋糕！例如，如果你只用面膜，而没先清洁皮肤并使用皮肤清爽液，脸就会很干燥。基础系列中的产品经常是互相补充的。我们最后得出结论，不能把基础系列拆开，并决定我们情愿面对顾客最初的愤怒，也不愿让她得不到她所希望的效果。

我们第一批存货包括基础护理系列和附加的化妆系列：腮红、口红、眼影、睫毛膏和眉笔。记得在我们开张的第一天，我们把玫琳凯公司所有的化妆品都摆上了我在西尔斯买的那只价值9.95美元的钢制货架上。如今我们全部系列已有将近100种产品（不包括调整肤色系列），每一个美容顾问都可能拥有比开张那天整个公司的存货还要多的美容产品。

在创业初期，我们就认为我们的产品是很棒的。即使这样，我们还需要进一步提高。现在我们花费几百万美元进行研究，这样我们就能继续改进并使我们公司的每一件产品更为精致。如今，每一种皮肤都有与它相应的护理类型。我们的专长就在于使美容程序个性化。我们希望所有的妇女都能达到美容的最佳效果，这样我们就能教她们如何有效地使用我们的产品。

起初，我们的产品是由达拉斯的一家私人企业生产的。我选择这家公司是因为它的主人在化妆品行业有良好的声誉，我们需要一个有职业道德并很可靠的人。当我把产品配方交给那家公司的总裁后，他很平静地把所有的事都交给了他的儿子。我想他肯定认为在做完这张小订单后，他永远不会再见到我们了。但我们却又接二连三地在这家公司完成产品订单，而且一直延续下去。几年以后我们已可以邀请他的儿子加入我们的行列，并主管我们的生产部。

当我们刚开业时，我、理查还有本为了那些必须完成的工作，在每星期的工作日里都要拼命地干上16—18个小时。有时，做完所有的订单后，我们还必须编写并油印公司的信息报，一干就到凌晨2点。但我们绝没有白辛苦。在起初的三个半月时间里，我们创造了3.4万美元的销售额，并取得了一些利润。第一年，在批发方面，我们创造了19.8万美元的销售额，到第二年末，我们达到了令人难以置信的80万美元。

开业一年后，公司的规模使我们必须增加新的办公室。我们把总部搬至皇家大道1220号。现在我们有了三个“真正”的办公室（分别属于理查、本和我）、一个培训室和一间巨大的仓库——总共有5000平方英尺（约合464.5平方米）！对我们来说这就像一个大峡谷！最理想的是——现在没有人再需要跑出大厅再跑下地下仓库的楼梯。

在1964年的9月13日，我们举行了公司的首届年度大会——我们称之为“年度研讨会”。年会对我们来说是件大事情（在后面我会告诉你们，它是如何发展成现在这种壮观的形式的）。我们没有钱去宾馆租场地，因此我们只好聚集在皇家大道的仓库里。我依然记得当时我们是那样地充满热情，而我们又是多么地节省！我们用彩纸和气球装饰房间，菜单是鸡、调味品，还有一道果冻色拉。我们买了一些小纸盘，但纸盘太不结实以致根本无法在上面切鸡肉。我只好在一星期前就为200人烧好鸡并除去了鸡骨，准备好调料然后冷藏起来。到了那天，我取出所有冷藏的食品，用我那只陈旧的火鸡烘烤炉加热。我用各种各样的甜食做成了一道巨大的橙色果冻色拉。但我没考虑到那是在9月。得克萨斯的9月并不凉爽，因此色拉全融化了，到处都是。大家坐着，把软塌塌的盘子放在她们的膝上，但她们仍尽力吃得像模像样。理查请了一个三人乐队替我们助兴。爱伦·那托利，一个来自得克萨斯特勒的业务督导烘烤了一只大蛋糕，上面写着：“一周年快乐。”这是一个十分令人愉快的周年——在这一年末，玫琳凯化妆品公司已拥有了200名出色的员工！

晚宴以后我作为庆典的主人，举行了首界年度颁奖晚会。与今天所做的相比，那是很一般的，但已足够让人激动和兴奋。我保存着每次演讲稿的复印件，经常作些修改并加上新的内容，以便下次演讲时用（不必浪费好的思路）。最近，我重温了过去许多年会上所作的演讲，发现在我最喜爱的一次演讲中用的几句话已连续几次出现在后面的演讲中。这句话最早是这样的："明年，我们希望有3000人加入我们的行列！"我记得这是来自于理查的市场计划。但当我说到那些数字时，我从没想过这真的会实现。第二年，在演讲稿里，我又用了同样的一句话，但却用了1.1万替代了过去的3000！在我接下来的演讲中，我发现了同样的表达"有4万人"。今天，成千上万的玫琳凯美容顾问在向妇女们传授玫琳凯的皮肤护理方法，而且人数还在不断增长，看起来似乎我可以把这块特殊的地方空出来留到我下次演讲的时候。——到时我只需用铅笔写上最近的数字！

公司的成长带来了许多变化。其中之一就是一只火鸡烘烤炉再也无法款待成千上万的美容顾问。尽管这只烘烤炉已从年度会议上退休，但我想让你们知道，它仍能烤出非常好的感恩节晚餐！

5 玫琳凯的热忱

唱歌能增进团结。你是否还记得学生时代唱过的那些“啦啦啦，为我们队”的歌？我们都有过发挥团队精神的经历。

在我为斯坦利家居用品公司工作期间，这家公司有许多在销售会议前或销售会议进行中唱的歌。这些歌确实能建立起团体精神。离开斯坦利后，我进了世界礼品公司，但这家公司缺乏那种团队精神。当我刚进这家公司时，几乎每个员工都很冷淡。为了打破这种僵局，我发起了一次歌咏比赛，同事们也相应地想出了许多世界礼品公司的歌。我目睹了这些歌给整个销售大军所带来的生气。

因此，当我们创办玫琳凯化妆品公司时，我决定我们也要有一个玫琳凯公司的歌咏比赛。我们可以挑选出大家认为最佳的歌曲，在周年会议上演唱，并奖励那些能激发出我们最大热情的职员。

要让一首歌广为流传，你只需要在一首很通俗的曲调上填上你自己的词。而我们公司里最为流行的一首歌是一位员工写的《我有玫琳凯的热忱》。这首歌由此而变成了赞歌。在每一次重要的玫琳凯美容顾问聚会上我们都唱这首歌。《玫琳凯热忱》就自然而然地变成了一首主题歌。

按传统习惯，我们的销售会议通常在星期一召开。而在这些聚会上，热忱是一个非常重要的因素。对许多人来说，星期一意味着无忧无虑的周末结束和每个工作周的开始。如果上周你不顺利，一定有其他人干得不错！所以我们经常告诉美容顾问："如果你上周不顺利，你就需要周一晨会；如果你上周顺利，那么周一晨会就需要你！"当一个美容顾问开完充满着激励、动力和热忱的星期一团体会议以后，整个星期里所有的激动将伴随着她。整个星期的工作从一开始就将正常而热烈地进行。

我相信，就像星期一会议能激发出热忱那样，父母亲也可在家庭中激发出热忱。例如，若一位母亲从早晨一起床就心情恶劣，很可能全家人的心情都会受到影响。尽管她并不喜欢，但每一个母亲都应该试着去微笑，去说一些令人愉悦的话："早上好！你好吗?"不用多久，即使她仍不能高高兴兴地开始一天的生活，她也会感觉好一点。热忱是有传染性的——甚至对你也一样。我非常相信如果你表现出热忱，你真的会变得热忱！不仅仅是为了某一天，而是为了永远。

让自己变得热忱的一个最好的事例发生在几年以前。我们邀请一位著名人士给我们玫琳凯的业务督导和美容顾问作演讲。他的班机误了点，因而在他到达之前，我们必须临时安排节目。后来我得到暗示，他已急匆匆地来到了后台。

因为我是主持人，我为他准备了满满一页的赞美之词。我开始充满激情地介绍他。当我开始介绍时，我看到他在后台捶打着自己的胸膛，不断地跳上跳下。他看上去就像一只大猩猩！我想："我的天，我正在这里说这些赞美之词，而他却'在发作'！我从没见过这么奇怪的举动。"

当我结束介绍时，他冲上讲台，作了一次极其精彩的演讲。这次演讲非常激励人。中餐时我坐在他边上，我对他说："你几乎把我吓得半死。你究竟为什么要在后台那样上蹿下跳，而且还捶胸顿足？"

"玫琳凯，"他说，"我的工作就是激励人。但有些时候我并不想那样做，比如今天。因为今天早上飞机误点使我烦乱了好一阵子。但我知道你们正期待着一位有激情、有活力又满怀热忱的演讲者，尤其是当我看见观众席上那些激动的面孔时，我更觉得不能对你们诉苦。因此，我必须做出一副很有活力的样子。而我发现，只要做一些练习和捶自己的胸膛就能让热血沸腾，我的感觉也就好多了。"

他用了一种外在的方式让自己满怀热忱，但有意思的是，"热忱"一词源于希腊文的"神在其中"一词。而一些人也似乎从他们的内心深处挖掘出了这种个性。你甚至可以称之为一种天然的能力。可以肯定当我开始自己的销售生涯时，上帝赋予我的热忱是我最重要的财富。

当我还是个年轻的家庭主妇时，我开始明白热忱这份天资是可以在后天获得的。但我从未想过以销售为生。一个叫艾达·布雷克的推销员上我家来推销《儿童心理文选》，这是一套有关儿童教育的故事集。每一个故事里都有一个问题、一个解决办法和一条能让小孩在同样情况下使用的潜在寓意。我想这些应是我读过的最好的书，因为它能帮助一个母亲教会她的孩子去识别对与错。不幸的是，我买不起。但艾达感觉到了我的兴趣，让我把这些书保留至周末。我读了每一页，当她来要回这些书时，我因孩子们无法读到这些书而非常难过。我告诉她我会存钱，总有一天，我们家会拥有一套这样的书。

她看到我这样激动，就说："我告诉你，玫琳凯，如果你能替我卖掉10套书，我就送你一套。"那简直是太棒了！我开始打电话给我的朋友和特勃那科日教会学校我的学生们的家长。我没能给他们看到样书，我所能提供的只是热忱。

我的办法很简单，就只说这些是我读过的最好的书。仅仅一天半，我就卖了10套。我很激动，他们也一样。当艾达回来时，她简直无法相信！我有了一大串顾客，她只需上他们家去取订单就行了。后来，她问道："这些书是很难卖的，你怎么做到的?"

我也不知道我究竟做了些什么，但艾达送给我的那套书，是我真正想要的。

艾达有了另外的主意，说："我希望你能为我工作。你有车吗?"

我回答说："有的，但我不会开车。"

我们有一辆破旧的汽车，我丈夫每天早上开着它去货运站工作，晚上又开着它参加音乐聚会。但艾达告诉我务必让我的先生在第二天把车留下，她要教我如何卖书。

她开着车，载着我去郊外。一整天我们都在敲门。一天下来，我真的筋疲力尽了。在我的一生中，我从未这么疲惫过。我们没有卖出一本书。事实上，没有人对此书有丝毫兴趣。我只用了一天半就卖完了10套，我不明白为什么她就这么困难。此刻我并没有意识到我热忱的力量。

快到傍晚5点钟的时候，艾达坐在了汽车上客人坐的位置，说："你开车。"

"我不会开。"

但艾达不理会我。她认定，如果我想成为推销员，就必须学会开车。"你现在就学。"她说。她很快给我上了一课。我们回家时正好遇上休斯敦交通高峰期，车与车首尾相接，成了一条长龙。我实习似的开着车，但最终我们还是回了家。第二天，我想我当司机的热忱会让我开得更好，因此开车去了我母亲的餐馆。我很自豪，但却撞倒了支撑人行道上方游廊的两根柱子（一共才三根）。栏杆倒在了汽车上，几乎把车都毁了。

无论如何，我学会了开车。也多亏艾达，我有了我的第一份销售工作。在后来的9个月中，我卖掉了价值2.5万美元的书，并获得了30%—40%的佣金。我赚的钱已经不少了，但我仍需学习有关顾客关系的重要课程。我发现我的朋友们在买书之后，经常怨恨我，而不是产品上的瑕疵。他们认为书是很好的，但并不打算去读。我的顾客似乎在责备我，我的热忱让他们买了他们不太会去使用的书。当然，书不读怎么会有用呢？我自然不会对他们的懒惰负责，但因此懂得应该教会顾客怎样成功地去使用书。这也是后来创办玫琳凯化妆品公司时我采用的一个原则。

我的第二份工作带给了我额外的销售经验。我的丈夫失去了货运站的工作，因此我们俩一起去卖厨具。我们所卖的是高质量的合金压力锅和双层煎锅。销售从实际操作演示开始，操作演示就是我要做的工作。白天，我要去买食品并准备好，到了晚上演示的时间，我们会把所有的东西都搬进观摩者的家，举办一个晚宴。菜单总是一样的：青豆、火腿、甜薯和一个蛋糕。准备的过程就像是小孩子过家家。但我花了大量的时间去购买，切出最精细的火腿，挑选最嫩的青豆和甜薯，仔细地进行准备，还得预先拌好做蛋糕的牛奶和面糊。我丈夫会在起居室里给几对夫妻作讲解，而我用我们的产品在厨房里做晚餐。

事实上真正做推销的是我。因为主妇们会不时地走进厨房，问我："是不是真的看上去那么简单?"因为这些厨具的确很不错，我会回答："是的!"

每一顿晚餐都是极棒的，但我们自己是买不起这些食物的。如果演示完了，还有食物留下来，这就成了我们的晚餐。如果食品都被观摩者吃光了，我们晚上就会什么都没得吃。

最终，我们被迫放弃。这是在大萧条的时候，绝大多数人根本买不起新的厨具。此外，我考虑，这份销售工作实在是太难了，我不知怎么干才会成功。

在玫琳凯化妆品公司，我们不鼓励强卖式的销售。我们偏爱教授皮肤护理知识，并只单纯表达对于我们产品的热忱。我们挑选的美容顾问是那些能和我们分享有教育意义的哲理的人，而不是那些强行销售的人。因此，我们的销售大军拥有很多曾经当过老师和护士的女性。当她们发现她们所挣的能和过去一样多，甚至还超过过去的职位时，玫琳凯美容顾问一职就成了一份令人激动而又有很好回报的工作。

我认为绝大多数顾客都欣赏我们称之为"礼貌劝说"的低调表达方式。我们用热忱和知识来展示我们的皮肤护理用品，我们中的绝大多数人都认为是化妆品自己在销售。我们经常收到顾客和女主人的信，她们赞赏我们美容顾问礼貌而又训练有素的演示和讲解。

这种销售方式同时也能保障顾客对我们产品的热忱和忠诚。因为我们不是强行销售，因此顾客会信赖我们。

顾客的丈夫也会热衷于我们的产品。这种现象很常见。有一次接线员接通我的电话说："玫琳凯，电话里有一位先生要求和真正的负责人谈谈。"

"他想说什么？"我问。

"他没说，他说他只想和真正的负责人谈。"

我让她把电话接进来。我从未听见过一个男人说话这么快，我想他是怕这位真正的负责人挂机！他说："玫琳凯，我打电话是为了感谢你挽救了我的婚姻。"

因为不认识这位先生，因此我根本无法想象我是如何挽救了他的婚姻。在我提问前，他继续说道："我和我妻子已结婚8年，当我们刚认识时，她看上去像是《时尚》杂志上的封面女郎：头发梳理得恰到好处，脸很漂亮，还有一个十分迷人的身材。接着她怀孕了，并且9个月中一直呕吐，她对她的外表已毫无兴趣。当我们有第二个孩子时，这种情形又重复出现了。"

他说得那么快，以至于我根本无法插入一句话。

"该说正题了，"他接着说，"当我早晨出门去工作时，她竟站在那里，一个小孩吊在她脏兮兮的围裙上，而另一个在她的怀里叫喊。她从不梳头，也不化妆。当我晚上回家时，唯一的变化就是一切变得更糟。"

"两个月前，她去参加了玫琳凯美容课，还买了28美元的化妆品。"（我能听得出，那笔钱对他来说就像是国债。）

“但是，”他说，“那个卖给她化妆品的人真是做了一件好事！我的妻子可能认为，因为她花了28美元买化妆品，我会很恼火，因此，一回到家里，就开始化妆。当她一看见脸上的变化，就马上又梳理了头发，并穿好相配的衣服。那晚当我回家时，她看上去妙极了！不知是多久以前的事了，我几乎都忘了她是那么的美丽。最令人高兴的是她现在每天早晨都化妆、梳理头发并穿好衣服，此外，还减去了12磅。而我又得到了原来的她。我又一次坠入爱河。这多亏你们!”

他挂机了。那是他最后的一句话：“这多亏你们!”我一直没机会去问他是谁，或是哪一位美容顾问做了这么了不起的工作。但我马上走进了单位会议室告诉大家所发生的事。然后我说：“你们谁都有可能创造了这么一个小小的奇迹!”我一直要讲这个故事，因为很少有男人会花时间打电话来。这种奇迹很可能已重复了上千次。

当我对做成生意并不抱希望时，我对玫琳凯产品的热忱经常会让我做成销售。在1966年发生了一件很有趣的事。当时我和我已故的丈夫梅尔在罗马度我们推迟了的蜜月。那天我们在罗马竞技场边上的露天餐馆里用餐。在那种地方，人们总是围着长桌人挨人坐着。梅尔刚刚说完：“欧洲以出美女而著称，我怎么一个都没看见，她们都去哪里了?”

就在那时，一个绝顶漂亮的女人走了进来，她个子高挑，苗条而且华贵。她有一头漂亮的黑发和象牙般的肤色，她穿着极其得体。我们都认为她很可能是一位意大利女伯爵。幸运的是，侍者让她坐在梅尔的旁边，而她的丈夫坐在我旁边。几分钟以后，梅尔拿出一包烟，那个男人问，是否也能给抽他一支。他解释说，他们在欧洲已六个星期，但他找不到任何美国烟。梅尔大方地把整包烟都给了他，然后那位先生说：“非常感谢。我会珍视这包烟的。”

他们开始交谈，那位先生问梅尔在做哪方面的生意。梅尔告诉他："现在做礼品生意，而我的妻子在做化妆品生意。"

那女人马上就很感兴趣。"化妆品？"她问，"哪个牌子？"

"玫琳凯化妆品，"我回答道，"你可能从未听说过，我们是一家在得克萨斯州的小公司，只有两年多的历史。"接着，我非常热情地告诉她我们的产品。那天晚上我所带的化妆包太小，里面甚至没有唇膏和眼影，因此我没有什么可给她看的。但当我们吃完晚餐时，她已写给我一张支票，每样一件订购了我们所有的产品！她解释说她将在3个月后返回亚卡布科，并问我那时是否能把她所订购的东西寄给她。我对于我们产品的热忱使她如此激动以至于想尝试一下。这真是一道看不见的景观！

收到产品以后，她变得更为兴奋。每隔1个月左右，她总会寄来订单订购3—6套完整的系列。我非常惊奇，因为在墨西哥，化妆品的进口税几乎是百分之百，因此买一套化妆品就等于在美国买两套。我抑制不住好奇心，写信询问她订购了那么多的化妆品究竟在做什么。她解释说，因为她看上去光彩四射，所以她的朋友不断地问她在用什么化妆品，她的回答是帮她们做面膜并把这些美容品当礼物送给她们。

热忱确实会以类似这样的方式传播。在玫琳凯化妆品公司，我们有这样一种表达方法："领导的速度就是他所领导的团体的速度。"就像一个美容顾问或是一个十分满意的顾客能让人产生热忱那样，单个人也照样能够使整个团体产生热忱。最好的方式就是举例。如果督导是热忱的，她所领导的美容顾问也会是热忱的，而且我相信，我们的督导为她们的美容顾问树立了一个可以学习的好榜样。我的感觉是，对她所领导的美容顾问而言，督导就是"玫琳凯"，而对她们的顾客而言，美容顾问们就是"玫琳凯”。

我非常感激上帝给予我天生的热忱，因为我能肯定正是这种素质才让我拥有如此旺盛的精力。在生意场上这么多年，无论前一天晚上多么筋疲力尽，第二天早晨醒来时，我仍能重新获得热忱。我热爱我的事业，每天都会出现新的机会让人们去爱、去鼓励每一位职业妇女走向成功。

我喜爱拉尔夫·瓦尔多·爱默生说过的一句话：“没有热忱就做不成任何一件伟大的事。”他甚至都没听说过玫琳凯的热忱！

6 面带微笑

在与第一任丈夫离婚后，我度过了一段非常艰难的时期。差不多有一年时间，我觉得无论是做女人、做妻子，还是作为一个人，我都很失败。在这种心情下，我的身体也开始出现不适。几位医生诊断说是风湿性关节炎。最终，得州坦普尔市的斯哥特和怀特纪念医院的专家们告诉我，我的病情发展得很快，不出几个月，我将会完全瘫痪。

一想到躺在家里需要母亲来抚养我和我的三个孩子，我就无法忍受。她一生都在辛勤工作，再让她为我们承担责任，这真是一种无法想象的前景！

此时，我正在为斯坦利家用产品公司工作，每举办一次销售演示聚会，一般可挣10—12美元。如果要维持收支平衡，我每天至少要安排三场斯坦利聚会。我意识到，要成功就必须把个人问题留在家里。因此，我决定无论感觉如何，我都必须面带微笑地去做三场演示。没想到不仅我的事业很成功，我的身体也好起来了，最后所有关节炎的病症都消失了。但医生仍坚持说我的病只是暂时缓解，我的关节炎总有一天还会复发。到现在事实证明他们是彻底错了。我想那些病症是我所受的强烈感情压力所导致的，一旦调整好心态，病症就随之消失了。

很有趣的是，只要你一次又一次地面带微笑，笑容就会长存，你也就成了真正的你。我发现由于在斯坦利聚会中一直保持愉悦的态度，我的难题也一个又一个地消失了。反过来说，如果一直让自己很压抑，我就不可能把工作做好，也不可能挣够佣金，也就会因此产生错综复杂的问题。有人曾说过："一个人的思想可以决定他能有多少快乐！"对此，我坚信不移。

不把个人问题带给顾客永远是我的宗旨，我给美容顾问们两条建议：第一，在去上美容课前，从思想上卸掉你的包袱；第二条，走进门时，必须带着热忱进去。当人们问"你好吗"时，事实上他们并不是真想知道答案。她们并不在意你的丈夫已失去工作，你的孩子长鸡眼，或者你的热水器坏了。不要拿你的问题去打搅她们，如果你这么做了，只会导致相反的气氛，而且会毁了你和顾客的关系。最好永远别让任何人知道你所担心的事。在早期斯坦利聚会上，当我走进聚会的门时，几乎无人知道我家里正出现无数的问题。当女主人说："你好吗？"我会说："好极了，你怎么样？"即使你必须咬紧牙关说这些也得如此。此外，如果你表现得充满热忱而且很快乐，你的工作又干得不错，当你走出那个美容课堂时，你的销售额会达到200美元——相信我，你真会热忱而快乐！

每个人并不是天天都那么充满动力，意识到这一点是非常重要的。即使最有热忱的人，当他们清晨醒来时，有时也会很压抑。的确，我也有醒来却感受不到"有动力"的日子。可能是累了，或是计划中的某一个项目很乏味。那都是些需要我创造热忱的日子。有一个方法能帮助我，那就是读一些激励人的书，听一些激励人的磁带。我尤其喜欢在穿衣、驾车去办公室或回家的路上听磁带。这是不浪费时间的好办法。

唱歌似乎也能让人们快乐。我们在玫琳凯会议上有时也唱歌。一些人为此还批评我们，他们认为唱歌是很愚蠢的。但我们发现，当人们十分沮丧、情绪低落时，唱歌会对他们的信心产生很好的影响。我相信，教堂总是以唱赞美诗来开始祷告，也正是出于同一理由。当我是一个年轻母亲时，我记得当我带着三个很小的孩子去教堂时，他们总是在后座吵个不停。有时，当我们到了那里，我觉得我几乎都丧失了宗教信仰，当然也就没什么情绪待在教堂里。但唱完两三首赞美诗，我的感觉就好多了，已能全神贯注地听取牧师的教诲。

在公司分组会议的开始，我们总留段时间让美容顾问们谈谈过去一周的成功。我们鼓励每一个人站起来热情地告诉大家发生在她工作中的精彩事例。即使你有一个很糟糕的星期，在听他们谈论做得如何如何出色后，你也会想："既然她们能做到，我也能做到。"一张笑脸和一个乐观的态度，同样也会给其他人带来快乐。

当然，有时需要付出特别的努力才可能面带微笑。我深爱的丈夫梅尔在1980年7月7日星期一去世了。梅尔抽了47年的烟。在最后10年中，我恳求、哄骗、劝说并乞求他戒烟。他经常会去尝试，但几小时以后，他会说："玫琳凯，我无法戒烟，我做不到。"直到有一天晚上，我读到一篇文章，上面写着如果你和一个瘾君子生活在一起，并吸入他吐出来的烟，事实上也会得肺癌。我把杂志翻开来放在咖啡桌上，很清楚他的好奇心会使他在第二天早上去读我读过的东西。毫无疑问，他拿起了那篇文章。同时，他看电视时恰巧又看见一则为专门帮助人们戒烟的诊所所做的电视广告。因为他爱我也关心我，因此就开始戒烟。五天以后他真的把烟戒了！

在以后的5年中，他从没碰过任何香烟。但这还不够早，危害早已形成。在他去世前的七个星期我们才知道他得了晚期肺癌。

梅尔去世后的第二天，公司总部的所有员工、地方经理、督导和美容顾问按计划都要离开达拉斯去圣路易开会。所有人都深爱梅尔，因此我决定把葬礼安排在星期二下午举行，这样所有的人都能参加。

因为梅尔的病，我并没有计划去参加圣路易的会议。但中西部有7500多位业务督导和美容顾问将在那里聚集，因此星期五我来到了圣路易。我知道许多妇女为参加这个大会花了大笔的钱，觉得有责任不让她们遗憾。这些会议应该是快乐而又鼓舞人心的。即使我很悲痛，我也下决心要用乐观的态度去对待每一位出席者。我走到众多的与会者面前，尽最大的努力去表现对于她们的快乐，而不是自己的悲痛。我知道我的情绪会影响在场的每一个人，我希望她们拥有每一次快乐的大会。

我不断地想起杰基·肯尼迪·奥纳西斯。当丈夫被谋杀时，她是多么勇敢。整个世界都在颂扬她的勇气。她没有让自己垮下去，她的力量深深地激励了许多人。在以后，当他们面对生活中的悲剧时，他们会记起她是如何高扬着她的头，永不在公共场合哭泣，同时他们也清楚自己也同样能做到。我用微不足道的方法，像杰基所表现的那样出现在我们的集会上。后来，我收到了无数封妇女的来信，她们告诉我，在我最悲痛的时刻我仍能面带微笑这一事实将激励她们在生活的悲剧面前也表现出同样的勇气。

生活中总有许多悲哀的时刻，但生活又总是会继续下去。就在我们1978年年度会议前，另一个悲剧又发生了。苏·维克斯，我们的一位最美丽、最有才华的全国销售督导，在达拉斯购物中心的停车场遭到绑架并被谋杀。苏在我们公司是众所周知的“热忱小姐”，她的“热忱”和“乐施”

精神对每一位认识她的人都是一种鼓励。她的死对我们每一个人来说都是一个巨大的悲剧。

苏原计划在1978年度会议上发表演讲，在她准备的演讲稿中，她写道：

做非凡的人——最优秀的。

靠着神，我能做到一切。

做伟大的事——绝不放弃！

做一个激励者！

世界需要快乐！

热忱！爱！还有欢笑！

这些想法非常清楚地勾勒出苏的为人。她毫无意义地死了，这无论对我还是对所有熟悉她的人来说都是一个巨大的损失。但我们还是面带微笑地把年度会议献给她，继续我们的计划。我确信那也是苏想要的。

当生活风平浪静的时候，面带微笑和满怀热忱都是很容易做到的。在理想状态下，任何人都能表现出快乐；真正的考验是当你遇到重大个人问题时，你仍能面带笑容。

蕾娜·塔博特就是这样一位胜利者。她是一位三个孩子的母亲，也是一名全国业务督导。她总是这样乐观和愉快，你永远无法知道她曾做过两次乳房摘除和重塑手术。

蕾娜所拥有的人生态度对每一个人都是一种激励。她是如此热忱，她热爱生活，热爱工作，从未因病而停止工作。在休斯敦的安德森医院及肿瘤研究所做化验时，她总是一边等待一边给其他人讲一个精彩的故事。等了一整天，轮到她时，却听护士长对剩下的病人说，医生要明天下午才能继续门诊。而蕾娜第二天要参加玫琳凯研讨会。因此她走到内科医生那里告诉他明天她将去达拉斯。

“医生，有没有什么特别的理由你不能在今天多看一个病人?”她问。医生想了一会儿，因为她的微笑，他同意了她的要求。

当她告诉我这个故事时，她开心地笑道：“我用了你教我的推销技巧。”她说：“也就是，我们常问每一个妇女的，有没有什么特别的理由你不能是美容课的女主人?”

在研讨会之后，蕾娜把医生的发现告诉了我。她必须接受几个月的化疗和放疗。很可能她会脱光头发。但她又笑笑说：“玫琳凯，大概我得给自己准备一个特别漂亮的假发了。”

听着蕾娜如此乐观的谈话，我钦佩她平静而又乐观的表情。我强忍住热泪，按照自己所建议的那样，面带微笑。当我看蕾娜快乐的脸时，我知道，我也能做到。

最近，在另一次集会上，她说她的精神很好，有决心永不放弃。她和我们分享了从蒙田散文集中摘录的一段话：“人生的价值并不在于时间的长短，而在于我们如何利用时间。人的生命可能很长，但一生中的所获却可能极少。能否从生活中得到满足，不在于你生命的长短，而是取决于你的意志。”

当蕾娜说这些话时，我看着她，心中充满骄傲。我知道她真正发现了生活的意义。我热烈地拥抱了她，快乐的情绪也随之喷涌而来。

经过6年的化疗，蕾娜的癌症在慢慢地消失，而她的事迹也鼓舞了我们大家。

7 上帝第一，家庭第二，事业第三

多年以来，我发现只要生活重心有一个正确的优先排序，就可能做成任何事。这个排序就是：上帝第一，家庭第二，事业第三。我深信，玫琳凯化妆品公司能成长起来是因为一开始我们就把上帝当成我们的伙伴。如果没有那样做，我们就不会有今天的成功。我相信上帝保佑我们是因为我们的动机是正确的。他知道我想把他创造的妇女变得更为美丽，并充分发挥他赋予我们的潜力。

我发现你把自己交给上帝以后，你的生活就会变得顺利。当你独自去做每一件事，而且完全依赖自己时，你就会铸成大错。

在玫琳凯化妆品公司中没有人是独自工作的。我的儿子理查是个很了不起的管理者，一个杰出的企业策划者，也是公认的当代最杰出的金融奇才之一。不过，即使这样，他也不可能只需看看电脑上的资料或是市场调查报告便能准确地预测未来。我相信，我们的成功全赖上帝的引导，我无法告诉你，不知有多少次当我们需要什么时，上帝总能奇迹般地出现在我们门口。

我们有关六氯酚的经历便是一个小例子。几年以前，六氯酚还是一种被人们广为推崇并使用的成分，我们也把它用在护肤产品的配方里。当我们确认六氯酚有一些缺点以后，我们就不再在我们的生产线上使用它，并销毁了大约1.9万瓶护肤品。此后不久，食品和药品管理局开始禁止这种配料的使用，并要求制造商销毁他们所有含六氯酚的产品。如果事先没有作出正确的决策，我们也会像其他一些制造商那样遭受巨大的经济损失。

理查对此次奇迹般的准确判断作了这样的回答："我们的科学家知道这些事情将会发生，因此做出了相应的行动。"没有人能预知未来，也没有人知道食品和药品管理局今天或是明天会做些什么。而我们的科学家看到了某些已得出的毫无疑问的研究结论。但无论怎样，在条例颁布之前，我们在生产中已不使用这种化学成分，这使我们避免了不可估量的损失。

一个企业的经营不是由几个重大的决策而是由几百万个小决定组成的。经常是那些小的、每天要作出的决定——你每时每刻所作出的决定——才真正影响到成败。我感到上帝伸开他的臂膀在保佑着我们，并引导我们走上正确的道路。

尽管上帝在我们事业的发展中起了很大作用，但我一直谨记我们是一个企业，我应避免说教。毕竟，作为一家员工众多的公司，我们工作人员由信奉各种信仰和教派的人组成。我们的宗旨是：上帝第一，家庭第二，事业第三。我们似乎吸引了那些意志坚强并赞同上帝和家庭应是他们生活中最重要部分的人们。我从不想把我个人的宗教信仰强加于人，但我也从不隐瞒上帝在我生活中非常重要。

我也经常谈及家庭是生活的重要维系的观念。我要强调，无论你在事业上如何成功，但如果你在获得成功的过程中失去了你的家庭，你仍是个失败者。牺牲家庭去换取财富是不值得的，事业本身只是一种达到目的的途径。通过这种途径，你能为你的家庭提供舒适的生活和安全感。你在事业中所获得的成就本身并不是目的。不幸的是，一些人在工作中过于投入以至于忘了什么才是生活中真正重要的东西。

当我最初以做斯坦利公司的推销员来养家时，我的心里只有三样东西——上帝、家庭和事业，没有任何社交生活。所有清醒的时间都给了我的三个孩子、我的工作和教堂。我不知道和朋友一起去看电影或是共进晚餐会是什么样子。每天的时间表都根据孩子们的时间而定。我5点起床，这样才能在他们起床前把家务做完。然后我给他们做一顿丰盛的早餐并送他们去上学。他们走了，我就开始第一个聚会。如果能早结束，我可能会在午后进行第二个聚会，然后我要确保回到家里迎接从学校回来的孩子们。我给他们做晚餐，然后让他们准备睡觉。大约晚上7点，我又要离家去赴另一个聚会。我的管家会在我回来之前，早早地让他们入睡。一切都井井有条。我是一个必须工作的母亲，但却仍能安排时间和孩子们待在一起。感谢上帝给我如此旺盛的精力！

我能为孩子们做的一件事，就是带全家去得克萨斯的盖尔伏斯敦过暑假。这是一个海边的度假胜地。我们住盖尔伏茨宾馆的一间靠海的房间。每天早上，我带孩子们去海滩。只要不被太阳烤焦，我就尽可能长地待在那里。然后我上楼回到我们的房间，坐在窗前看着他们。午餐时，我给他们买热狗或是三明治，吃完后，他们又会重回沙滩，我再回到窗前。因为我的皮肤很细嫩，我根本不会为自己选择来沙滩，我来此度假是为了照看这些玩得非常开心的孩子！

在盖尔伏斯敦的两个星期是我唯一不工作的时间，而一年中的其他所有时间就只有上帝、家庭和工作，工作再工作。曾经听乔伊丝·布莱热斯博士说过，做一个工作狂不一定是坏事，那只意味着你很投入。我情愿认为她是对的，因为我自己属于那一类。

为了收支平衡，我每晚必须去工作。但是由于理查的原因，那时一些邻居对我的晚归并不作十分善意的理解。我们搬到达拉斯时，我的经济状况已不错，我们住进了一个较好的街区。我们家是一幢两层楼的砖房，有一个小的门廊，房前的草坪上有一棵大树。那时，我已有一个管家，在我离开时她替我照顾孩子们上床睡觉。但显然，她把他们一放上床就会回到自己的房间。理查总是会在整个屋子都安静下来以后，走到和他房间相邻的小阳台上，然后从靠近阳台的那棵大树上爬下来，坐在大门口的镶边石上等着他母亲回家。

他常常说起这段往事："玫琳凯永远不会理解为什么她的邻居都不喜欢她。他们看见我坐在镶边石上会说：'你妈妈呢？'而我会说：'她去聚会了。'"他似乎永远不会去解释，"聚会"是斯坦利的聚会，是我的工作！

孩子们在长大，我一直在长时间艰苦地工作着。我仍尽可能安排好我的日程，这样当孩子们需要我时，我就能和他们在一起。我挤出时间帮他们做功课，而他们也知道如果有重要问题要讨论，我会扔下任何事。工作时间宽松的最大好处就在于当有孩子生病时，我能一直待在家给予最悉心的照顾。唯一能打搅我工作的只有我的家庭。

雇主需要理解孩子是所有父母的宝贝。我看见过许多朝九晚五工作的人，他们来上班了，却把一个病重的孩子留在家里。在我看来，他们的老板最好是让他们回家去照顾生病的孩子。其实当父母担忧着他们的病孩时，他们是无法集中精力来工作的。你应注意到我用的词“父母”。如果你是像我一样的单身母亲，你就得承担全部的忧虑。但如果父母双方都在（即使是在“友好地离婚”以后），老板应让这些父亲或是母亲共同承担这些责任。

你的责任同样还应涉及其他家庭成员。梅尔去世前七个星期因癌症病危。在发现他病症后的两个星期里，我们真的不知道这是否是最后的结局。我送了一张便条去办公室，告诉他们在梅尔好起来之前我不会去办公室。我想他们都理解我从来都是把家庭放在事业之前的。在那七个星期中，我一次都没进过办公室。我的职员把文件送到我家里。当梅尔入睡时，我就坐在书桌边，处理那些紧急之事。

在这些事发生以前，我本来已应邀要在1980年6月圣路易的“全国妇女俱乐部联盟”会议上作演讲。这次演讲一年前就安排好了。将有来自全国的几千名妇女参加会议。能有一个让这么多妇女分享玫琳凯观念的机会，我也非常激动。但因此我就不得不离开梅尔两天，而我绝不能那样做。因此，德拉妮·怀特，一位全国销售督导代替我去了圣路易，并代表我们公司作了精彩的演讲。

我意识到绝大多数公司都希望他们的雇员能把工作放在首位。当然我知道一个人一旦忽略家庭，必将全身心地投入自己的工作。但我从没发现当有真正需要时，有谁会希望把工作放在家庭之前。

有人告诉我，一个公司推崇这种信条是非同寻常的。但从事业一开始，我们就一直这么做了。就像我说的，当你把上帝放在第一位、家庭放在第二位、事业放在第三位时，一切事情都会顺利。如果脱离了这种主次顺序，问题就会接踵而来。当你落入人生最低谷时，无论你挣了多少钱、拥有多大的房子或是有多少辆汽车，一切都会毫无价值。一旦到了上帝让你接受你和耶稣基督关系的那一天，除了上帝已没什么更重要的了。我们中的每个人都会有那么一天，我们必须问问自己，我们的生活是否真的有意义。

8 职业妇女的多重身份

我们目睹了几十年来巨大的社会变迁。在1963年，32%的已婚家庭中的妻子加入了劳动大军，到了1983年，这一比例是51%。现在三分之二的年轻女性离开学校后便能很快顺利找到工作。据估计，到90年代中期，妇女自己拥有企业的数量会超过名列《财富》杂志前500位的企业所雇用的妇女人数的总额。1993年“全美妇女企业家基金会”报告说，已有450万妇女拥有了她们自己的企业。

我们的女儿和孙女并不认为职业是谋生的手段，因为现在做一个女人和拥有一份事业具有同等地位。当我开始工作时，作为一个年轻的职业妇女意味着我有四份职责：首先是作为妻子、母亲、家庭主妇，其次，我还是一个女商人。每一份责任都需要我花费许多时间，耗费大量精力。那时的妇女总是有许多顶帽子，可以和她丈夫一样赚钱养家，同时又是管家、洗衣工、厨师、老师、护士、差役、公关经理、保姆和面包师。我经常说，那时的职业妇女需要她自己的“妻子”！

找到职业的妇女一般很少能得到他人的支持。如果想要外出工作，同时又想拥有家庭，就必须作出牺牲或妥协。一个男人可以一早和妻子、孩子吻别，离家去上班，并全神贯注地投入他的工作中去。但我们妇女如果想要在大海一样的商界站稳脚跟，必须先铺好床烫好衣服。家庭生活的重担完完全全放在妇女的肩上。如果你想工作，似乎唯一的“借口”是你是寡妇、离异或未婚女子。即使这样，人们对于你的态度仍然是，你工作的目的只是为了等待找到更好的东西（一个新丈夫）。

感谢上帝，时代不同了！现在除了一些顽固的坚持者，绝大多数的人现在已认识到妇女（就像男人）也需要发展、挑战和一份能提供经济独立的职业。现在最理想的一个现象就是你可以兼职、全职或“无”时间限制地外出工作。一切可由你自己决定。

社会态度的改变也带来了许多省时省力（妇女体力）的创新，这一切是显而易见的。我仍记得，以前没有高质量的日托中心、延时托管的公立学校、快餐店、免烫的衣服、洗碗机或微波炉。这些变化使你能更简单地合理安排自己的家庭和事业。举例来说，如果现在你是一个母亲，你很容易替你的孩子们找到一个具有爱心又职业化的日托中心。我们甚至已经改变了以往的态度，开始重新认识构成“成功的家长行为”的因素。现在看来与其给女儿浆洗棉围裙，还不如花时间和她聊聊；与其给儿子熨平裤子上的皱褶，还不如倾听他的讲述。儿童心理学家告诉我们，应该教育我们的孩子尽可能地去照料他们自己的事情，那样会使他们更为坚强、独立。而你也将成为高效率持家的人。

同时男人也有所改变。在许多公司，妇女们很难得到同工同酬的待遇。但当年轻人慢慢地获得更多权力的时候，这一切也会有所改变。一份对年龄在25岁到65岁的商务人员的调查报告是这样总结的，45岁以下的男人更能平等地对待妇女。此外，这些较年轻的人也更愿意帮助妇女登上公司成功的阶梯。过去，男人们似乎受到职业妇女的威胁。他们情愿妻子和爱人待在家里或者远离工作的地方。一些不满现状的人说产生这些变化的主要原因，是现在需要两份薪水才能维持一个家庭的生活。但无论他们怎么说，他们对职业妇女的接受意味着绝大多数当代男性已能和家人一起共同分担抚养孩子和处理世俗家务的责任。男人和女人一样热爱他们的孩子，一旦他们知道帮助造就一代新生命是那么有益，他们就会想共同参与并付诸行动。许多男人也帮助做些家务。没有人，无论男人或是女人，会真正喜欢打扫卫生间，那就让我们共同来面对它。如果一个男人会和一个女人一起承担家务并分享共同事业所带来的利益，那么他们也会分担日常生活所需的小任务。那样他们给孩子、职业和对方的时间就会更多一些。

我写这章的目的是为了和你们分享我的一些方法，这些方法曾帮助我平衡了家庭生活和工作的关系。我相信我所获得的教训对许多不同的职业妇女都会适用，不论她们是已婚的、单身的、守寡的或是离异的。我认为不可能也没必要为了适用不同读者而去专门写一本书，告诉他们结合各种因素以后的行为规则。例如，我不可能说："如果你离婚了，就做兼职工作，并且不要生孩子。"或者："如果你嫁给了一个不错的丈夫和父亲，而他又能帮你叠衣服，为孩子们准备午餐，你就做一位好妻子。"（顺便提一下，女士们，如果你碰上这样的男人，紧紧抓住他！）我所能做到的，就是告诉你们我的故事。就像我所经历的那样，希望大家读过之后，你们也能用我的一些方法来处理你们自己的问题。

在我一生中最筋疲力尽的那段日子里，我需要一边抚养三个孩子，一边做斯坦利的推销员，同时还要上大学。我结婚已10年，但却一直梦想着能成为医生。我的销售工作已站稳脚跟，因此我想“现在是时候了”。那时已婚妇女上大学被认为是浪费时间。教授们会带着古板的眼神告诉你，你正占据着本应属于一个年轻人的位置。因此我去上学时，总是试图去掩饰我是妻子和母亲这一事实。我尽量穿戴得像个学生，甚至穿上了女孩穿的短袜。我把结婚戒指挂在项链上，并从不提及在家里的三个孩子。

我通常上午去上学，下午召集斯坦利聚会。当我回家时，就清扫房间、洗尿布、做饭，等等。但仍有很可怕的问题：在做完所有的工作之后，我已无力再学习。有时在孩子们睡着后，我也会上床睡觉，把闹钟拨到凌晨3点钟。半夜起床后，喝一些咖啡，一直学习到7点孩子们起床。最后我再也坚持不下去了，我的神经快要崩溃了，我在两头点蜡烛而蜡烛就快燃到中间了！

非常奇怪的是，所有的事似乎都会向好的方面发展。为期三天的能力测试几乎要了我的命。当系主任把我叫到她的办公室和我探讨这个结果时，她告诉我，我理科成绩虽然还不错，但远远不及我在其他领域的成绩，比如说理。她极力鼓动我改学营销学并争取成为采购员或销售员。她指出，四年以后我很有希望成为一家大百货公司薪水丰厚的专业销售员或采购员。（当然，她并不知道我早已在做“兼职”销售员，并以此来抚养孩子和缴学费。）

她又进一步提出，做一个医生先要读两年预科和四年医学本科，然后还要做一年左右的见习医生。这就意味着真正能当医生需要花10年时间。她觉得我应选择捷径去求得一份薪水丰厚的职业。

她的话对我虽不是决定性的，但的确有道理。我把她的话和我已得到的一些结论放在一起认真考虑以后，决定放弃学业，全职做斯坦利的销售工作。作出这样的选择后，我仍长时间工作，既做销售又管家，但我的时间表已没有以前那么热闹了。

我开始做直接拿佣金的工作。这样很有好处，这意味着我可以按自己的时间，而不是公司的时间工作。许多妇女在作息严格的办公时间里工作，但我知道如果我也做朝九晚五的工作，我就不可能照顾家。我需要在时间上宽松的销售工作，这样当我的孩子们需要我时，我就能和他们在一起。我自己安排斯坦利的聚会，这样在孩子们放学以后我可在家准备晚餐，并给他们全身心的关怀。

有许多顶帽子会花去不少时间，但这仍然是你能做到的。我发现最佳方法就是把一切都安排好。你必须决定你的侧重点，相应地划分时间，并与他人分担责任。如果你有一个充满爱和帮助的家，那就可以开始了。但你应该考虑花些钱“减轻”你的工作负担。一些人喜欢洗衣和擦地板，而我不喜欢。我发现我经常浪费本可以更有效地去做销售工作的时间和精力，因此一有了钱，我就请了一个管家。对我来说，这是必须而不是奢侈。但某些人觉得这是一笔很大的开销，而其他一些人又不愿意让别人知道他们的隐私。如果你也是这样，就考虑请一个清洁工，每周彻底打扫一次你的屋子。你会发现因为你合理有效地安排时间，实际上反而省钱。

离婚以后，我马上意识到，做一个单身又有孩子的职业妇女，意味着我得真正学会安排时间。这迫使我记住我的人生观：上帝第一，家庭第二，事业第三。我认为许多妇女犯错误是因为参与了太多的社交活动。社区和公益活动当然很重要，但我相信我们不应以牺牲家庭为代价去做这些事。假如参加聚会对我的孩子很重要，那么我就会去。但如果这只是对你自己而言的社交活动，也许你就该取消它。一个在外工作的母亲必须清楚她有多少时间和该参加什么样的活动。

在1966年1月5日，我和梅尔·艾施结婚了。我生活中的这次变化带给我全新的欢乐和挑战。在梦想公司开了两年左右时，我通过一个共同的朋友认识了梅尔。他有自己成功的公司，但随着玫琳凯化妆品公司的渐渐壮大，梅尔也越来越多地参与我的公司的前景规划。梅尔临死前说："我是上万个女儿的父亲。"那是他对我们公司所有女性的真切感受。人们经常发现，当我站在舞台中心时，梅尔总是站在后台。但很少有人知道，不知有多少次，梅尔默默地但十分有效地解决了其他人可能根本没有意识到的问题。

我永远不会忘记芝加哥的那场暴风雪。当时我们2000名美容顾问和业务督导正在进行三天会议中的最后一项议程。这场意想不到的暴风雪封闭了城里和城外的所有交通。即使我们能出宾馆的大门，仍然会寸步难行。我们被雪困住了。在会议结束时，我们告诉所有与会者我们目前的处境，并让他们重新住回宾馆的房间。我们立即作出安排，公司出钱让与会者在宾馆餐厅就餐，并安排滞留期内的临时讨论会。

许多到会妇女的预算是很紧张的，她们没有钱在这里滞留，但又不能在宾馆的大堂里过夜。在以后的几个小时里，到处都是乱哄哄的。妇女们试图打电话回家，但很不成功。她们在宾馆里徘徊，有些人甚至因为钱不够用而眼泪汪汪。但人是会适应的，等到我们的讨论会开始，情况就慢慢地稳定下来了。事实上，在以后的几天内，讨论会又变成了另一次集合。直到很晚我才知道在刚开始的几个小时里究竟发生了什么事。梅尔在人群中平静地穿梭，凭他那无限制的酒店信用卡，找到那些陷入困境的妇女并把钱借给她们。提醒你一下，对这些借贷他没有做任何记录，既没记下名字，也没记下所借出的钱数，他只是把钱借给那些需要钱的人。直到我们回到达拉斯，我才知道这一切，因为突然之间，梅尔开始收到很多封装着钱的信。我很自然地问道："梅尔，这是怎么一回事，为什么那么多女人给你寄钱?”

“噢，没什么。”他说，接着又打开一只装有钱或是支票的信封。

很久以后，我才知道整件事的前因后果，但绝不是从梅尔这里得知。他是这样的谦虚，因此根本不可能去吹嘘他的慷慨大方。他就是这样一种男人!

许多人还为梅尔慷慨的另一个例子而感动——我的星期四礼物。我们是在一个星期四结婚的，因此从那时开始，星期四变成了我们特殊的一天。结婚14年中的每一个星期四，梅尔都会给我买一份礼物。礼物取决于他的心情或是经济状况，有鲜花、薄片花生糖或是钻石。但无论是什么，每一个星期四，当我回到家，我总会发现一份包装精美的礼品和一张亲自精心挑选的卡片。卡片上也永远不乏赞美之词。每天早晨，他都会告诉我，我看上去多么漂亮。(你知道，那并不是真的。)像许多妇女一样，我上床前经常像伊莉萨白·泰勒，而醒来后看上去却像查尔斯·戴高乐！当然，我不想辜负他的赞美。因此每天早晨，我总是在梅尔醒来之前起床，为了他而打扮得漂亮一些。我记得我总是在他戴上眼镜之前就化好了妆。

虽然梅尔全身心地投入玫琳凯化妆品公司，但他却很老派：当我的工作干扰了“他的”时间，他会不高兴。他喜欢称自己为“董事长的董事长”。晚上当我回家，他希望我成为只想着他的人。因为我爱他，所以尊重他的想法。

每次从我的办公室到家里，开车需要16分钟。在那段时间里，我会拿下董事长的桂冠，换上梅尔·艾施妻子的帽子。梅尔希望我7点准时到家，对此我需要作些调整。5点以后，我发现办公室静悄悄，我能进行些严肃的思考。我经常会陷入深思，以至于忘了去看时间。如果我迟到一分钟，梅尔就会开始担心。因此，无论如何我得特别努力地准时离开办公室。我这样做是因为我知道这一切对梅尔来说有多么重要，而他的感情对我也非常重要。当然到了7点，他会有奇好的胃口，因此我也成了一位能做“快捷美味晚餐”的艺术大师。我常常叫管家摆好桌子并把色拉放在冰箱里或是炉子上的砂锅里。有时，在紧要关头，我甚至非常擅长处理那些冷冻食品，使它们吃起来就像家里做的那样。

记得一位美容顾问告诉过我，当她晚回家没什么可吃的时候，她就把一个洋葱扔进一锅沸水里，闻起来就像正在煮非常好吃的食物。那香香的气味使她丈夫觉得一顿美味的晚餐正在准备中。与此同时，她开始从冰箱里拿出食物。可能有些人并不欣赏她的做法，但这的确使好多丈夫开心。对她来说丈夫开心才是真正重要的。今天当一个职业妇女晚回家时，她更可能拉着她的丈夫（或孩子）的手说：“快来，宝贝，我们一起做饭！”（如果她的现代派的丈夫什么都没准备的话！）

梅尔也喜欢让我每个晚上陪他一起坐上几小时，看看电视或是聊聊天。可能我真是个工作狂，我很难任何事也不做地放松自己。我得承认，有时我不禁会想：“这样坐在电视机前多浪费时间啊！用这些时间我不知可以做多少事。”但我爱梅尔，我知道我和他待在一起对他来说是多么重要。

有时，我试着用一只眼睛看电视，而另一只眼睛则读当天成堆的来信。梅尔感觉到我在用“他的时间”，会很不高兴。最终，我改变了我的时间表。当他上床时，我也会上床，但我会在每天早上5点起床，开始我的回信。这种方法既可让我回复信件，完成一些书面工作，又不会让梅尔感觉到我在侵占他的时间。7点半，梅尔起床时，我会换回我的帽子，又成为梅尔·艾施的妻子。我不在乎这种变化，因为我是在作出自己的选择，而且我认为这是相互热爱而又坦诚的婚姻关系的全部所在。

一个女人真正的关心家庭，同时又有自己的事业，这需要花费大量的时间和精力。如果她想很好地生存下去，就必须非常聪明地选择她的帽子，学会保持平衡，并抛弃那些琐事，分清主次地安排好自己生活。

9

职业妇女和她的家庭

你知道一位玫琳凯的美容顾问是怎样招呼全家人去吃晚饭吗？

“来吧，孩子们，让我们上车。”

你知道一位玫琳凯的业务督导是如何为她的家人准备星期日的晚餐吗？

暂时保密。

过去公众对于“家庭”的观念往往是丈夫、妻子、三个孩子和一条狗。父亲工作，母亲管家，而孩子们则和狗玩耍。我们现在认识到家庭应有多种组合，包括许多不同年龄段的人以及相互关系。家庭可以是你和一个孩子，或是你和父母中的一个——特定的细节并不会改变这些规则。如果你在家庭以外另有职业，第一个规则就是你必须把你的需要和你家人的需要协调起来。家庭应是一个团队项目。

在有些家庭里，每一位成员都有一份职业，整个团队没人考虑积极参与帮助做些家务。当然，如果你的家只有你和你的猫，那让这个团体跟随你的愿望就相当容易。但对某些妇女来说，如果外出做一份工作就意味着改变家庭过去一贯采用的运作方式。若果真如此，你就必须仔细地安排过渡，以有一个好的开端。

值得庆幸的是，一个有头脑的女人是不必在家庭和事业中作出选择的，她可同时拥有它们。你所需要做的就是分清主次，有计划地去处理有关事务。

我曾听人说："想了解自己就不要去相信乌托邦似的梦想。"乌托邦似的梦想是可以实现的，但不会自动实现。你必须促使它实现。

忙中偷闲认真考虑一下，对于你作为职业妇女的角色，你的家人可能会有什么感受。或许当了多年的全职妻子或是母亲以后，你会突然决定跻身商界。那太好了，我为你的精神喝彩！但事实是，你的丈夫和孩子们不太容易像你希望的那样接受这种改变。你因为新的挑战而激动，而他们却把你的工作视为他们的死敌，因为他们相信你的关怀会因此而减少。即使你一直拥有一份职业，有时职务的升迁也会对你的时间和精力提出新的、更大的挑战。你的家人会逐渐感到给他们的时间少了，并会有些怨恨你的工作。你是唯一能判断是否或何时这种情况会发生的人。但我认为无论何种成功都不值得牺牲你和家人的关系。反之一个能获得家庭支持的女人更能够在个人生活和职业上获得成功。那么你该做些什么呢？拒绝升迁？当你很想工作时却待在家里？绝对不是！就像其他人际关系问题一样，如果你能考虑一下周围人们的感情和意见，这个问题就会妥善解决。而我认为第一步就是让你的家人明白你的职业对每一个人都有益。

最明显的好处可能是经济上的。在经济时代，每一个人都需要多一点收入。但最重要的利益也许在于一份职业能让你感受自己，反过来又能感受你周围的每一个人。迎接新的挑战无论是脑力上还是情感上都会很刺激。它会给你提供一个有关自我能力的完整而又新颖的观念。许多美容顾问都发现她们自己成功地做成了她们从不敢想象的事情。这种新型自我觉悟往往能让妇女完全地重新评价她的外貌。我们发现如果一个妇女从未仔细关心过自己的容貌，拥有一份职业会给她一个完全崭新的外貌。她会希望像其他的美容顾问那样好好打扮自己，不久她不仅会让自己的脸漂亮起来，而且同样也会让她的头发、指甲和衣服有所不同。不用多久，她的家人会注意到她的新面貌。我们看到，大家都会为这种转变而感到高兴，那是因为这些变化已大大超越了其表面。如果一个人以自己的外表而骄傲，那种骄傲就能转变成自信，而那份自信会带来新的成就。要让人们尊重你，首先是你自己要尊重自己。

我们坚信，一个职业妇女能得到家庭的支持是非常重要的。因此，我们总是尽我们所能去帮助她得到这种支持。例如，当一位业务督导要去达拉斯参加新督导培训时，我们就寄一封信给她的家人以表示对他们支持的感谢。我们也邀请丈夫们来参加讨论会和年度会议，他们因此会逐步了解玫琳凯化妆品公司，以及我们公司所能提供的挑战和回报。可能是因为我还记得我自己的儿子坐在台阶上和邻居们交谈的往事，因此我们想让每个家庭成员都理解美容顾问外出去上玫琳凯美容课程时所做的事。

在一次年度会议上，每一位丈夫都收到了一颗纽扣，上面写着："她棒极了！"而后当有人问："谁棒极了？"美容顾问的丈夫会回答说："我的妻子！"

那些纽扣的确创造出了热忱。结果许多丈夫都为他们的妻子找来了新人和顾客。有一年我们给列席的丈夫们一张可粘贴在汽车保险杠上的小标语，上面写着："有关我妻子的职业请问我。"美容顾问的丈夫参加过这样的讨论会和年会以后，他的感受往往是其他妇女们能做的事，他的妻子会做得更好。

在玫琳凯化妆品公司，我们十分尊重带小孩的女性们所具有的特殊需求。我们许多美容顾问认为她们灵活的工作时间是这份职业的一个最重要的方面。因为当小约瀚发烧高达华氏103度时，如他那朝九晚五上班的母亲还必须去工作，她又能替儿子做些什么？如果她已结婚，她的丈夫通常能有所帮助，但若她是寡妇或已离异，她就会焦急万分、束手无策。当碰到类似紧急情况时，我们公司有一个所谓的"呼应制度"来提供帮助。如果我们的一位美容顾问病倒了或是家中有急事，她只要打电话给另一位美容顾问，那位美容顾问就会代替她去完成计划中的美容课程。

由于没有足够的时间和孩子待在一起，许多职业妇女会因工作而感到负疚。经过长长一天的艰辛工作以后，她们已很疲倦，还有很多家务等她去做，因此她难以再有精力来跟上孩子们所有的活动。我认为你从此该分清主次，并认识到和孩子们待在一起的时间其质量要比数量重要得多。和孩子们亲近并不能让你自动地成为一个成功的母亲。你可以和你的孩子坐在同一个房间里但却从不给他或她一分钟的关注。事实上，一个整天和孩子们待在一起的母亲，有时会早上5点就开始歇斯底里，而且以高喊"不要再问我那个问题"而结束。那不是好母亲。我发现每天离开孩子几个小时，比起整天待在家里，更能使我成为一个好的母亲。孩子们似乎更欣赏我，而我知道我会更耐心地对待他们。

确立主次也意味着你可能需要将一些占用宝贵时间的家庭责任委托给别人（或甚至忘却）。请一个管家或是打电话给清洁服务中心会大有帮助。

在下一章里，我会更多地谈论有关请管家的“理财常识”。现实一些，不要轻易决定自己做家务，你刚刚结束了一整天长而有效的销售回家，还是选择那些真正必须做的事。如果你必须在两个重要的活动中作出选择，那就选择和你的孩子们谈心而不是清理你的壁橱。当然更好的方法是，和家人一起清理壁橱，一边工作一边谈心。

如果你是一位来自较为传统家庭的职业妇女，我相信获得你丈夫的支持是很关键的。可能你的第一次销售就是把你职业选择的正确性推销给他。如果真是如此，据我观察，“人们会支持那些他们参与创造的事物”。让他参与你的工作。玫琳凯化妆品公司的美容顾问是独立的职业女性，而我们发现她们中的许多人已让她们的丈夫参与她们的职业活动，比如存档、记账或是发货。当他们的妻子在授课时，许多丈夫还照管孩子。一位先生最近为这种参与而写信感谢我。他说自从他妻子开始接受玫琳凯的这份工作，他才开始了解他的孩子们，并更乐意完全承担他曾认为只与“母亲”相关联的那些责任。

在我做斯坦利推销工作的时候，我没有丈夫，就让我的孩子们来参与。我过去常常把从每一位女主人家收来的钱放进信封里。当我们发完货，我会把所有的钱都倒在起居室地毯的中间。孩子们就坐在那儿整理和数钱。他们也帮忙填写订单或发货。我们把“母亲的工作”变成了“每个人的工作”——工作得十分开心！孩子们慢慢懂得了赚钱、自我约束、遵守截止期和诺言以及树立目标的重要性，而且他们也看到数学的价值。当然，在那时，这似乎没什么特别的。在教导妇女如何协调职业和孩子教育的关系时，我听说儿童心理学家也列举出了同样的活动。显然这些专家已总结出，我们应该把那些必须要做的日常工作转化成孩子们乐意参与的有趣活动。

让你的家人参与你的工作是一件好事，但必须谨慎，别把你的烦恼带回家。有时，人们常会错误地在餐桌上讨论工作中的小矛盾。这只会让全家人情绪低落。例如，不久以前我收到一封来自一位业务督导丈夫的信，措辞十分严厉。他列举了所有他认为的我们运作中的错误，认为只有他的想法才能解决我们所有的问题。其实真正的原因是他妻子有一个习惯，喜欢具体描述每件细小的烦恼事。他自然总是站在她的一边，这样致使每一个问题都完全一边倒。

我给他回了信，试着让他平静下来。过了不久，我在一次小组会议上对他的妻子说：

“你犯了我过去常常犯的错误，”我告诉她，“我过去常常告诉梅尔发生在办公室里所有使我烦恼的小问题，然后他往往会使小事变大并对所有伤害过他亲爱的小妻子的人发火。”

她很仔细地听着，然后说：“玫琳凯，你是对的。我把所有的烦恼都带回家了；他把它们叠加起来，并无限量放大。但实际上事情并不像他所认为的那样糟。”后来，她决定不再对他讲她的小麻烦，并把谈论的焦点都放在所发生的好事上。

后来她写信告诉我说一切都解决了。肯定是解决了，因为我再也没有收到她丈夫的信，而她所领导的小组正在飞速地发展！

即使你对事业很投入，我认为你还是要学会像关掉电视那样暂停一下你的工作。这是一个好主意。你必须记住家里人并不像你那样对你的工作感兴趣。应多和你的家人分享有趣的事情，但必须把办公室的紧张留在办公室里，用和家人共度的时光来共建并享受家庭生活。一个聪明的职业妇女会发现，花点时间真正和家人待在一起，能使她生活的方方面面都蒸蒸日上。每天你都必须自觉地留出一段时间献给你所爱的家人。

成就一番事业是极能令人满足的。你会获得力量并克服你尚未发现的弱点。但如果你在成就事业的过程中失去了家庭，那么我相信你仍然会失败。当有人能和你分享时，成功才真正有意义。回到家独自数钱是一点都没有意思的。

10 3.5万美元的清单

在刚开始从事销售工作的时候，我听过一个对我和我的工作方式有深远影响的故事。内容是有关时间安排的。故事是关于爱维·李——一个杰出的效率专家和查尔斯·希瓦勃——一家那时还很小的名叫伯利恒钢铁公司总裁的。

爱维·李拜访了查尔斯·希瓦勃，对他说：“如果你允许我和你的每一位部下待上15分钟，我就能提高你公司的效率和销售额。”

希瓦勃很自然地问：“我需要付多少钱?”

“不需要，”李说，“除非的确有效。3个月以后，你可以寄给我一张支票，给我你认为值得的钱，足够公平吧！”

希瓦勃同意了。在这家为生存而奋斗的年轻钢铁公司里，李每次用15

分钟时间与各级管理人员交谈，并让他们完成一个简单的任务。在以后的3个月里，这些经理每天晚上必须列出一份清单，写出第二天他要做的六件最重要的事。然后，按照事情的重要程度对所有的事情作出排列。

“每天早晨，做列在清单上的第一件事，”他告诉他们，“当完成时就把它擦掉。你只需按顺序做完这六件事。如果你没有完成，就把它写在第二天的清单上。”

3个月试验结束时，效率和销售额都变得非常高，因此希瓦勃寄了一张3.5万美元的支票给李。即使在今天，相对于这么少量的工作，那仍旧是很大一笔钱。那时的3.5万美元差不多等同于现在的35万美元！

这个故事给我留下了非常深刻的印象。我想既然那份清单对查尔斯·希瓦勃值3.5万美元，那对我也应该值3.5万美元。当我深思这份寓意时，我从背包里拿出一个旧信封，写下了第二天我必须做的六件最重要的事。以后我一直坚持写每一天我生活中的这份“3.5万美元的清单”。

人人都知道该列张清单，但这个故事使我深信采用这个方法意味着把钱放进我口袋，因此列这种清单成为我每天的机械式的行为。在繁忙的日子里，看着数以万计的重要任务，真不知从何处做起，很容易整天都在瞎忙乎却一事无成。这份清单替我解决了这个问题。列出清单会迫使你决定哪件任务是最重要的。清单要力求简明扼要，不要过分热心地记下17件必须做的事，这一点很关键。因为你看着那个数字会想：“我不可能做完这些。”六件是个容易安排的量。当你能做到轻松地完成所有列出的任务时，你就可考虑处理更大的一些事情。

最重要的是，你必须用手亲自把它写在纸上。用脑思考一遍是极其容易的，但也很容易导致忽视或延缓去做那些最重要的事，而你是不希望出现这种情况的。当所有的一切被列上清单，这就变成动真格的了。

我经常因太忙而没有时间查看我的清单。但当我在晚上再一次很快扫一眼清单时，我通常已经完成了六项中的绝大多数。我认为这是因为坐下来写出要完成的任务，加深了印象，使我下意识地朝着实现我每天的目标而工作。

另一个安排我工作日的秘诀是安排好我的书桌。我讨厌在乱糟糟的书桌上工作，因此每晚当我安排工作时，完成的计划会被放进一个文件匣，正在进行中的工作会放进另一个文件匣，需要重看的资料，被放进第三个文件匣，等等。这种方式让我在每天结束工作时，有一张整齐而干净的办公桌。第二天早晨当我来到办公室时，我的秘书会作出与我“3.5万美元的清单”相一致的安排，而我就可以逐项开始工作。既不搪塞也不只挑“好吃的东西”（一些我们易做的事），无论第一件是什么，我都从头开始。即使为了回答封信中的第一个问题，我需要两小时的研究，我也绝不会没完成就进行第二项。按顺序继续下去直至最后一份文件。我每份文件只处理一次。这最后一点是非常重要的，否则，你拿起一封信说：“唉，我不知道怎么回答，我得考虑一下。”你通常会把信放在一边，几小时以后又拿起来，但仍不知道怎么做。你最好收集研究资料，一直进行下去直至作出决定。我看到过放在那些毫无实效的经理办公桌上的“堆积如山的文件”。我相信要坚持完成手头的工作。在我看来，那些无实效的经理花在担忧上的时间似乎大大超过实际用来完成工作的时间。当他们应该“继续坚持做下去”时，却整天为自己的做事方式担忧。经常出现这种现象是因为他们不想失败或不想显得很愚蠢。但请谨记，如果你不愿意冒失败的风险，你也永远不会成功。

我努力去合理安排我的每一天，这样就能尽可能多地节省时间。一种方法是在我的更衣室、厨房和汽车里放上一台录音机。我可以用这种方法在原来无聊的时间里听一些激励人的磁带并作一些记录。另一种方式是在办公室吃午餐，这样可以在工作日里节省时间。经常有生意上的客户邀请我共进午餐，但我很少接受这些邀请。所谓的“工作午餐”通常会持续到下午的2点或3点。长时间坐在饭店里就意味着吃很多的食物，回到办公室时，我就不会有工作的感觉，整天的时间都浪费了。我喜欢在办公桌上吃快速而清淡的午餐。

我的时间观念一直很强。一天只有24小时，在工作中我总是尽力从这些有限的时间里获得最大的收益。多年以前，我听人说过三个大早就等于额外的一天。我想过以后对自己说：“如果三个早晨我都5点起床，我的一周就是八天。那正是我所要寻求的。”

后来我认识到如果一周里起六个早，我的一周就会成九天！我又发现在那些早起的时间里，没有电话也没有打扰，不知可多做多少事。当发现我多么热爱九天一个星期时，我决定成立“5点钟俱乐部”。

我邀请我所知道的5点起床的人加入这个俱乐部。令人吃惊的是，玫琳凯化妆品公司会有这么多的人决定这么做。当然，有些人已习惯晚睡并从中获益，对他们而言早晨5点开始工作是不可能的。但我总是把邀请发给每一位玫琳凯的新业务督导。因此她们中的许多人写信来告诉我说：“我刚刚加入你的5点钟俱乐部，我喜欢它！在家人起床前，我已做了很多事！”

在给职业团体和社区组织作演讲时，我经常提及3.5万美元的清单和我早起的日常生活。如果我的听众是一群很有前途的玫琳凯业务督导，我就会问有多少人愿意加入5点钟俱乐部。我经常会有许多响应者。

然后，我会说：“好的，太棒了！某一个早晨，我会在5点30分打电话给你，让你给我读一下你清单上的六件事。现在，有多少人还愿意加入我的俱乐部？”十分惊奇的是她们仍然举起她们的手。（谁都知道我会打电话的。）

这么早起床，有时你很难让自己马上开始工作。我常常建议，当一位妇女起床时，她必须为整整一天装扮自己。这对那些不用去办公室而只是在她们自己家里工作的妇女尤其重要。穿戴齐整、化一下妆会提高一个女人的信心并赋予她有条理的思维。一个看上去不错的女人感觉也会不错，结果是，她同样也会“工作得不错”。

一旦你打扮停当，首要的就是开始做清单上的六件最重要的事。从第一件事开始——不要拖延。

每个人都有一些容易忽视的小任务。对许多玫琳凯的美容顾问来说，这种小任务中的一个就是打电话给顾客。这是我们的工作让顾客满意的一个重要因素。每次做完销售两星期后，每一个美容顾问都应该打电话给顾客，以确定她是否对所购买的化妆品感到满意。她可能问这样的问题，比如：“你在用玫琳凯的护肤品吗？”“有明显效果吗？”“你有些什么问题？”严格说来这是服务电话，也是让顾客知道我们关心她的方式。通过百货公司柜台卖化妆品的公司是不会打电话给顾客的。这种联系有助于提高我们独特的服务水准。顾客经常要求就某种特定产品的正确使用方式进行再次辅导。一个美容顾问偶尔也需要为顾客替换产品或者退钱给顾客。无论处于哪种情形，知道了一个顾客所关注的事，我们就能知道如何去解决它。

所有的一切只简单地意味着打电话给顾客是十分重要的，而这一点必须列在每一位美容顾问清单的首位。但如果害怕遭受拒绝，这就可能会成为美容顾问们试图回避的一件事。如果你认为有人会说：“看，我没有时间和你交谈。”或更糟的“我不喜欢你卖给我的化妆品”，那就很容易让人对完成这种任务感到害怕。但这种害怕通常是没有根据的。一位美容顾问一旦给顾客打过两至三个积极而又有热情反馈的电话，她就会迫不及待地再去打电话。

我经常告诫美容顾问和业务督导：“你们才是自己唯一的老板。我希望你们尽可能成为要求最严格的老板。如果真的想成功，你必须给自己安排好日程。到每天早晨的8点30分，你应完成所有的家务。然后你从早上8点30分一直工作到下午5点，你可以让自己有半小时的午餐时间和两次10分钟的喝咖啡时间。5点你就可准时下班！”我们发现，如果一位美容顾问花在销售玫琳凯化妆品上的时间和假如她做办公室工作需要的时间一样多，她会很轻松地赚到比办公室工作多两倍的钱。我们的美容顾问和业务督导每一天都在证明这个事实。

时间是所有销售人员最具价值的商品。事实上，成功和失败就取决于计量时间的不同方法。我们在西南部工作的一位美容顾问就是一个很好的例子。她住在一个有7500人口的乡村地区。这么少的人口似乎限制了她的销售前景，但这位美容顾问事实上是在以她的家乡为中心的150英里范围内预约美容课。她能这样做是因为她能很好地计划时间。例如，当她在100英里外组织美容课时，她会于同一天在邻近的地方组织另一堂美容课。用这种方式她就不会因开车走这么远的路而只举办一次美容课造成时间和金钱上的浪费。

一般人都采用时间管理的方法并取得良好的效果。相反，如果不好好规划时间，当所有的事都堆积起来时，你就只有失败一条路。后一种人通常认为他们在工作，而事实上他们只是在担忧。担忧那些他们早该回的信，担忧那些该打的电话和该做的推销。我的建议一直是：“如果你将浪费一整天，你最好别浪费白天。如果你要工作，那就去工作。”一小时的紧张工作胜过做一天的梦。

这可能就是我这么不耐烦员工迟到的原因。前不久我应邀在讨论有关“职业妇女如何才能在事业中成功地组织和管理”的会议上作演讲。而这个会议的组织者竟然不知道如何策划这次活动。演讲是从2点到3点，我竭尽所能搜集准备了尽可能多的材料。但直到下午的2点15分，参加会议的人还在陆续进入会场，登记台边也随时可见进入会堂的人。这所谓的组织者甚至不知道怎样安排几百个人！最后，他们决定无论如何都得让会议开始。到2点25分时，对我的介绍还在进行当中。当最终我开始演讲时，这个活动已足足延迟了半个小时。在面对这样一批听众作演讲的过程中，我做了一个小小的调查，留意一下是否有人会有足够的兴趣记下我所提供的信息。我向人群中望去，却看不见一支铅笔或钢笔。没人有任何兴趣了解我准备讨论的职业警示或管理捷径。组织者使我误以为这是一次培训课程。而显然与会者只想要一些噱头。因此我放弃了演讲稿，开始讲一些有趣的故事。她们觉得演讲很成功——因为她们确实很开心。

在玫琳凯化妆品公司，我们不可能这样浪费时间。每一次会议都有一个目的，而且我们也会一直坚持这一点（当然也会插入一些小幽默）。每次会议我们严格地准时开始并准时结束。每星期一全国有几千个玫琳凯会议在召开，因此我们有必要为所有的销售人员树立一个好榜样——我们就是这样做的。

当然，在履行家庭职责时，你同样也能用许多这样的省时方法。

在职业生涯的前10年，我一无所有。我看到别的女性由于能够有效而又自由地使用她们的时间而获得了成功。我过去常说，如果负担得起，我会请一个管家。如果你也一直这样告诉你自己，让我给你一条好建议：不请管家，你更不合算。请人可以让你从耗时的家务中解脱出来。这会成为你职业生涯中所作出的一个最佳决策。记住，你的时间是你所有东西中最重要的，充分利用它。

你是否意识到美国总统和你拥有同样多的时间？但看看他每天所做的事！早晨10点，当绝大多数人还在喝他们的第二杯咖啡时，他很可能已打完了给几个议员的电话，签署了若干份变成法律的提案，并已召开了一个新闻发布会。他必须计算这些时间。每人每天都有24小时，但正是你在24小时内所做的改变了你的一切。

假如你把事业看得很重，我认为你不该把24小时花在可以让其他人做的事情上。我经常告诉美容顾问，打一小时有效的电话就足以支付一整天管家的费用。别担心你不能为丈夫的衣领投入你的“熨衣之爱”，可能他根本不知道，或许也不关心，他只要在需要时有件可穿的干净衬衣。

除了人们常说的费用问题，我听到的第二个理由是：“我不能雇管家，我特挑剔。”其实这根本不是理由。我也同样挑剔。我常常要把放进厨房抽屉里的毛巾用某种方式来折叠。如果其他人用别的方式来叠，我会把它们重新叠过。但我教会了我的管家怎么做，你也同样可以教会他人替你做事。这可能需要花上一个月，但这是值得花的时间。你必须记住，你的管家也同样是个职业妇女，她也同样想在职业中获得成功。

重要的一点是让其他人去做那些不一定非要你自己做的事情。我最成功的做法就是把日常生活中每天必须做的事列一张清单，然后在那些别人无法替代的事旁打上勾。这些是我必须做的事，因此就集中精力地去做好。其他的事我都让别人替我做。你是唯一知道这份清单是如何排列的人。如果你认为组织一个幼年童子军小队会对你的孩子非常重要，那么无论如何都该去做。当你安排时间时，你必须首先做那些对你和你的家庭真正重要的事，然后再做对你的事业重要的事。除此之外都是多出来的不必去做的事！

当我最终决定雇一个管家时，还有一些疑问。我仍旧把雇管家当成我无法负担的事，但已有了十足的信心。我在周末的报纸上登了一则广告，然后等回音。每次想着要负担一个管家，我的心就怦怦乱跳，因为我甚至连广告费都支付不起！而我需要能替我做所有家务事的人，因此在广告上我提出了全部要求：做饭、打扫房间、照顾三个孩子，等等，在广告的结尾处我写上了所能支付的工钱。我想："响应这份广告的人一定是在发疯，但却是个真正想做的人。"

星期天下午，一位妇女果然来电话了。玛蓓尔是一个非常可爱的女人，当她接受这份工作时，我很感动。我想："我怎么会这么幸运？"但当我想到下星期一早晨她就要开始工作时，我的兴奋马上就消退了。我怎么来支付她的薪水？

该谈谈动力了！我从没有预约过这么多的聚会，卖过这么多的东西，或者像那个星期那样增加过这么多的新伙伴。毕竟，我必须有足够多余的钱来支付玛蓓尔工资。因为她让我从家务活中解脱出来，我挣够了我的开销和她的工资。以后的每一个星期，我的目标是为了在星期五给她支付薪水，我必须在星期一挣够钱。一个星期其余日子里挣的钱是真正属于我自己的。一切都进展得非常顺利，玛蓓尔在我家干了9年。

对我来说，拥有管家是这样的棒，因此我鼓励其他的妇女也这么做。如果你仍在擦地板，就该停止！就像我们的一位美容顾问曾经说的那样：

“我一辈子都在擦我家里的地板，但它仍然很脏。”它仍然会脏下去，因此还是让他人去做。把你的家务委托出去。不要把挣大钱的时间花在付小费的工作上（别捡了芝麻，丢了西瓜）。

即使你不能确定是否需要请一个管家，在安排你工作的同时，安排好你的家也仍然十分重要。我告诉你一个秘诀，我想它会帮任何一名妇女更容易地去处理家务事。我告诉管家每天彻底打扫一个房间，而不是一次清扫所有的房间。我的意思是从头到尾地打扫房间：去掉屋顶天花板角落里的蜘蛛网、扫地、吸尘、擦亮家具等。如果一次打扫一个房间，到周末所有的房间都会被打扫干净。清理抽屉时，我也同样这么做。我喜欢干净整齐的抽屉，每天早晨我都习惯抽出一个抽屉进行整理。每天这么做，会使你家里所有的抽屉都井井有条。

安排好你的购物，同样也能节省大量的时间。许多妇女喜欢经常逛店。有些人每天下班以后都会在某一商店停留。一星期逛一次让人省时又省钱。首先，你节省了来回商场的汽油费；其次，你根本不可能“冲进商店而只买一块面包”。我经常说，那个发明购物小推车的销售员是世界上最精明的人。有多少次你只为一件东西而去商店，但最后却买了整整的一小车？如果你能拿着采购清单去购物，那么你的购物效率会更高。每次当我快用完某件东西时，我就在厨房的备忘板上写一笔。在去商店前，我把这些抄在纸上，然后照单采购。从报纸杂志上剪集购物优惠券在美国很流行。我得承认，当收银员找还给我几美元的时候，我也会感到同样兴奋。但优惠券的剪集工作很费时。为了做好这件事，我随身携带着一把小剪刀和一本字母顺序夹，当发现一张我所需产品的优惠券时，我就立刻剪下来排进小夹本里，以备下次购物时之用。整个过程简单合理，能节省两三个美元让我感觉良好。

即使是一个有管家的妇女，仍需要做大部分饭菜。当然，你可能像我一样喜欢做饭并把它当成是一种放松，或者作为一种家庭聚会和共同分享的时机。例如，我乐于准备丰盛的早餐，最喜欢吃的就是刚出炉的热松饼。我知道现在可以用微波炉烤现成调配好的热松饼，但我仍喜欢吃亲手做出来的。每天早晨量好面粉、搀入使糕饼松脆的油脂很费时，而我发现如把一大堆松饼混合粉存放在架子上就可以节省时间。每天早晨，我只需取够做一块松饼的一勺粉，加上一点牛奶，很快就可把饼做好，然后放进烘烤炉。等饼烘好后，我也已做好了腊肉和鸡蛋。同样的混合粉也可以用来做煎饼，只要多加一点牛奶和一些糖。我做热松饼的方式没什么特别，它只是表明不用牺牲你家人的喜好就能满足自己的愿望——只是需要做点事先准备。

我们所有的人都必须创造性地安排我们的三餐。若家庭成员来自不同的地方，在餐点上始终保持有营养低脂肪的食物就很难了。越来越多的美国人把上餐馆吃饭视作平常事。除了节省准备食品和清理餐桌的时间外，外出吃饭成了让一个繁忙而又活跃的家庭坐在一张餐桌上的好办法。说到这里，我们应适当提高警惕，因为这种方式十分危险地把高脂肪、高盐和高糖引进了我们的饮食。

我最欣赏的一个安排厨房的例子出自于关岛的一位出色的美容顾问。当下一次你抱怨要准备晚餐时，就想想这位女士——她有十个孩子和一个喜欢全家人遵从岛上习俗坐下来吃一顿热烘烘午餐的丈夫。她每天都要一边安排好午餐，一边上两次美容课。而她是所在团体的销售皇后。当我碰到她时，问她："你是如何做到这些的？"

她把她的方法告诉了我。她从不在星期六上课，但用那天来管理全家，让他们煮熟并冷藏整整一个星期所需要的食品。然后每天早晨，孩子们帮她摆好桌子，准备好早餐。在洗完所有的餐具后，他们摆好午餐的桌子，然后去上学。在去上9点钟的美容课之前，她把冰冻的食物放进炉子里并打开定时器。11点30分当她上完课回到家里时午餐已做好。中午她丈夫和孩子们就可围坐在桌旁。1点30分开始把这个程序再重复一遍，然后她又去上下午的美容课。下午4点，她已回到家里。当孩子们放学时，她可以迎接他们并让他们吃上一顿清爽的晚餐！一切都安排得井井有条！

相信每一位妇女都能从这个例子中吸取一些经验并能节省时间。关键是要有计划并把家务分派给其他家庭成员。我说起过我的孩子们帮我填写订单的事。但他们也做日常的家务。我相信无论家庭经济状况如何，孩子们都应该做一些家务。我的孩子必须整理他们自己的房间，还要做各种各样的其他家务，比如园艺、清理落叶、洗碗和倒垃圾。如果你有孩子，你知道完成这样一份计划最大的问题是每天都会因分工不匀而发生争吵。我用标准的表现评比制度解决了这个问题。当时我并不知道我在用一个标准化的用人管理技巧——它似乎只是一种很普通的方法，然而它却很有效。我分派了任务并仔细地列出我认为每份工作相应的最佳标准。一个任务的分派期限是一周。在那一周里，我会在厨房里的一张招贴板上记录每天的进展。每天我都会进行评比并用五角星的形式给孩子们记分。一颗金星意味着你没经提醒就把工作做得合乎标准，一颗银星的意思是你在被提醒好几次之后做完了工作，而一颗红星的意思是工作做得极差。到了周末，我把所有的星加起来，用一种小的奖惩方式来计算每个孩子的本周所得。除了有效外，我相信这种制度会教育他们，结果与报酬总是和工作表现相关联的。

当安排工作时，我总能想起帕金森定律："工作在时间坐标上扩展，会去填满一切能够获取的时间。"太对了！记得在某个星期六的早晨你非常惊奇地接到一个来自远方朋友或是亲戚的电话："喂，我们已在城外，再过

30分钟就到。”还记得你是如何在30分钟内把屋子打扫干净的吗？或者你是否记得你只花三个小时就准备好你平时最起码需要两天的预想不到的旅行？那就是帕金森定律在起作用。

我在有效使用这个原则时，总是给每一项要完成的小任务设定时间。当自己烫衣时，我只允许自己花3分钟烫好一件衬衣。如果铺床，每张床上只能用两分钟，或者看看能否用10分钟打扫好厨房。我因此而想出了一个游戏——击败闹钟！这对我很管用，因为它不断地提醒我无论做什么，时间是有价的，绝不能浪费珍贵的时间！

11 生活要有计划

什么是度假？你可能会为了开心和放松而去海滩玩玩，或者为了冒险和探索而去一个新的城市。若去海边，你就得花很多精力去准备行装。对大多数人来说，那儿是一个陌生的环境，你必须习惯那些新鲜事物，诸如太阳、噪声以及被单上的沙粒等。因为很有趣，你仍会走向那些烦恼。去一个新城市旅行的确很费神，必须要有一张交通图才能行动，要不你可能会在单行道和隐密的高速公路弯道处不知所措。你可能要花上半天时间，才能走到帝国大厦顶层，或是踏遍华盛顿特区每座纪念碑的台阶——总之，这很辛苦。但你还是做了，就因为这是冒险。有些人为三条街的距离也要乘出租车回家，但却肯走几英里路穿过一个陌生的欧洲城市。他们说这样做的原因在于那是生活中一次度假，而度假能开阔眼界，学到新东西。

那为何不能用在辛苦的度假时所表现出来的同样热情和冒险精神来对待你职业生活中的每一天呢？为何就不能开阔眼界，学习新东西，最重要的——使生活充满乐趣呢？

好了，我认为你能做到，并只需三个先决条件。首先，你必须选择一个你真正热爱的工作——富有挑战性又能充分发挥个人才能。其次，你必须像计划一次度假一样仔细地计划你的工作日。第三，你必须准备在职业生涯中期待激动和乐趣。

选择一项你热爱的工作，既简单又困难。当你必须坐下来决定，你是什么样的人以及做什么事才能让你开心时，困难就降临了。一旦确定以后，找一个合适的工作就会相对容易。我不是心理学家，所以我不会假装知道你应如何去发现内心的自我。但我相信一个好的起点就是应该发现你真正的力量和那些对你来说最重要的东西。你知道，我非常相信列出清单的办法。当为作出某个决定而感到混乱或困扰时，我会为每一个解决办法而列出所有的优点和缺点。从某种程度上说，看见写在纸上的事实，往往会帮助我把事情想得更清楚。举例来说，很久以前，我一直想寻求一份既能帮助别人、体现自我竞争，又富有挑战，还能让我的家人过上较好生活的职业。起初我选择当医生，但我发现在销售工作中我已找到了这样的需求。后来我就开始了自己的事业。

当发现自己真的想在工作中有所作为后，我不得不列出一个计划。你是否拥有过那样的一个星期六，当你早上起床时，却没有一点点计划！你东做一件，西做一件，到了晚上才发现什么都没完成。你感到空虚、沮丧并且恼怒；浪费了整整一天却不会有机会弥补。你恍恍惚惚地过了一天，而有人恍恍惚惚地过了一周，一个月，一年——甚至一辈子。

而同样是那些人，却可能会成功地安排他们的假期。假如你丈夫某一天下班回家，说："宝贝，从8月1日起我有两星期的假。"你突然就会有许多计划。

“噢，太棒了！让我们看看我们能去哪儿？怎么去？我们能在哪里逗留？孩子们需要带些什么衣服？”

每一个细节都会想到，你会在各方面为度假做好安排。在假期的第一天，你就十分清楚要做些什么。最终，你的旅行将圆满成功。

但当你回到家后会发生什么呢？一切又恢复到以前的状态。早晨起来，急匆匆地去上同样的班，晚上毫无计划地回到家，看完电视，然后上床睡觉。第二天，如出一辙。一周结束时，什么也没改变，你又回到星期一的样子。到月底，甚至到年底，你仍是一年前的老样子。没有目标，你会浪费一生，什么成就都没有，只有怨恨和不满。

如果你准备驱车去度假的目的地，不可能不带上地图就出发。你的生活也同样如此。没有计划——一份地图——你永远不可能到达你想去的地方。要完成一件有意义的事，必须坐下来，然后决定你想从生活中获得什么。这是你长期的目标。如果你有“3.5万美元”的清单，把它们写到纸上会使计划更具体。

当人们列出长期计划的目标时，他们似乎会十分担忧。但就像一句古老的中国谚语说的那样：千里之行始于足下。换句话来说，要完成伟大的事业，你首先必须每次完成一个小目标。我们鼓励新加入玫琳凯公司的美容顾问，在她们开始工作的第一周必须举行五次美容课。设立现实而又短期的目标——那些实际上你能实现的目标是非常重要的。当你获得自信时，你可以继续实现较大的目标。

同时，一个好的目标就像一场紧张的练习，它会使你进步。设立的目标应稍稍超出所能实现的最大值。当我说“逮住月亮”时，我的意思不是要你树立荒唐的目标，而是设立你能达到的目标，但必须提高自己。记住，如果你追月时偏离了目标，仍有可能和美丽的星星汇合。

在最近的一次销售会议上，我和一位美容顾问交谈。听我说了这些以后，她显得热情而激动，决定回家去追月。她希望开始一星期的零售额能达到1000美元。但问题是，她一星期平均只能达到400美元。我建议她设立一个较合适的、现实的目标——每星期500美元。我用另一句谚语提醒她：“一寸又一寸，容易做到；但一尺又一尺，就难了。”“不要只看500美元这个数字，”我告诉她，“把它变成每天日常的目标。500美元一星期代表着一天只需做100美元。你应该每天有一次聚会。如果你不能达到100美元这个目标，就回家去打电话，让你的顾客追加订货，直到达到目标为止。”

无论终极目标是什么，重要的是要确立每天能实现的目标，然后付诸实施。如果今天差20美元，明天又差40美元，不久你就会觉得离目标太远，很可能就会放弃。

还有一个例子，一位雄心勃勃的女士向我请教有关创业方面的一些建议。她有点零售经验，定下的目标是开办全国性的时装连锁店。她对我谈了总体计划，将在几个大城市开几家大店，最终要把时装店扩展到加拿大。但是她一点都没提到如何经营第一家时装店。

最后，我说：“为什么不集中精力在你家乡开一家最好的时装店？先真正学会怎样经营一个时装店；成功了，再计划开第二家，第三家……同时，这种试错方法有助你解决很多关键问题。当你成功地在家乡开出几家店后，再扩大到其他城市。然后，你又能扩展到邻近的州。如果用这种方式进展，一步一个脚印，最终你会真正拥有全国性的连锁店。”

我告诉这位年轻企业家，她应该着眼于短期的、可以实现的目标上，否则，将会在编织一个伟大梦想过程中耗尽毕生的精力。想着大事固然好，但应谨慎地把大目标分解为较小的目标或阶段，这样你就能通过自身的发展而不断完成预订目标。这章似乎已用了好几句谚语，这里还有另一句："一次一口，准能吃下一头大象。"

世界上有很多人做梦快却行动慢。其中不少人是因为没有把大目标分成可实现的小目标，但更多人却是害怕失败。因为太害怕失败，他们干脆不去尝试任何事。只要愿意开始从头做起，你就能克服这种恐惧感。就在做着你所害怕的事情的过程中，你的恐惧感也就自动消失了。工作中，你难免会出错，但同时你也在吸取教训。正如我曾说过的，失败是为了最终的成功。你难免会犯错误，尤其是在朝着目标努力工作时，你有时会因为出现差错而灰心丧气，但是每当受到挫折，都必定存在着某个纠错的行动方案。你只是需要找到这一有效的方案。当你遇上塞车，就迂回一下，换个方向。不要让一个障碍物就阻挡了你。转向，失败，绕行，或者耐心思考一会儿，但绝不放弃。对自己要有信心，你会找到另一条道路的，记住，困难"既会让我们闪光，也可让我们倒下"。一块钻石曾经也不过是一块煤，在经过高压并磨光之后，才变得尽善尽美。

在前一章中，我谈及把日常计划写成文字的重要性，也就是那张写有你六项重要任务的"3.5万美元"清单。相信你能进一步拓展这个原则。我曾用一条肥皂在浴室的镜子上写下我一周的目标！每一个星期，我先订好计划，然后把它放在我的正前方，让大家都能看见。如果目标是一周10堂美容课，我就把它端端正正地写在那面镜子上。上完一次课，我就划一个斜杠表示我已完成。那些提示的确能帮我理清头绪。我希望自己能讲完10次美容课，因此如果发现遗失了讲课笔记，我一定会尽力为那个星期做一本新的。对于其他的一些目标，我也同样这么做，假如下周我想发展两名新成员，我会把它写在镜子上。

我发现自己虽然常照镜子，但不会在镜前逗留。所以我还把工作目标写在记事卡上，并将它们粘在我汽车的遮阳板上、电冰箱上或是我的办公桌上，任何地方都有。这样能不断地提醒我（或其他人）本周想做些什么。不久那些目标就会深深地留在我的潜意识里，因而我做的每一件事很自然地和计划相对应。我只是自动地做对了事，因为我自己计划着走向成功！

有些人告诉我，他们从未想过要像我那样公开他们的目标。假如失败了该怎么办？但我相信这能有助于让大家都知道你想做些什么。为阐明这一观点，让我来谈谈我刚开始从事营销工作时的一次经历。

当我为斯坦利家居产品公司工作了三星期后，很想参加公司在达拉斯召开的年度会议。当时我在每次聚会中平均只能做到7美元的销售，所以我需要学很多东西。那次年会对我来说应是一个很好的起点。旅行的费用需要12美元，包括从休斯敦到达拉斯的来回火车票和在阿道夫斯旅馆住三夜所需的费用。（因此你明白那应该是很久以前的事了！）我没有12美元，只好向一位朋友去借。我借到了钱，也领教了她的一番说教，她认为我不该跑着去参加一些“男人们的邪恶聚会”，理应把钱花在替孩子们买鞋上。

我只有一件礼服，又没有行李箱，因此我倒空了斯坦利公司的陈列箱准备好我的行李。我不知道12美元是否包含食物，因此我还准备了一磅乳酪和一盒饼干，以防万一。（直到今天，如果在房间里有乳酪和饼干，我仍会觉得更舒适。）因为没有额外的钱，所有宾馆的侍卫替我搬行李所能得到的只是一声非常甜美的“谢谢”。

但这次旅行很值得，因为那三天改变了我的一生。我目睹了他们给有最佳销售表现的员工戴上销售皇后的桂冠，并把公司最高销售奖——一只非常漂亮的鳄鱼包颁给她。我身上每一个细胞都让我渴望站立在那聚光灯下。因为我在公司的级别很低，后排才是我该坐的地方。我刚进公司三个星期，平均每次聚会只能做到7美元。销售皇后和我有天壤之别，她高挑、苗条、漂亮而且成功。我既不高也不苗条，而且很可能是年会中最不成功的一个。但皇冠和鳄鱼包却给了我太深的印象，还有那些属于皇后的认可和荣誉。我发誓明年在此地，我将成为皇后。

那天在大会上介绍了很多有效的方法和法则，其中之一就是“盯住明星”。我死死地盯住了皇后，即使我坐在最后一排，她也一定有所察觉！另一个法则是“找到可资参照的范本”。那时，斯坦利没有营销手册，也没有可参照的指导书，而我需要范本。因此会后我去拜见了销售皇后，并请求她在某晚做一场斯坦利聚会的产品演示，这样我可以向她学些东西。她同意了（可能是因为我明显地表现出崇拜和热望）。在她的演示中，我做了19页纸的笔记。那次销售示范成了我的范本，而那些笔记成了我成功的跳板。

在那次年会上我学到的最后一点是“告诉别人你的打算”。我立刻就明白了设立个人目标的重要性。应该让大家知道你的目标，不要把它们当成秘密。因此我想：“我该告诉谁呢?”我想定了，如果我想告诉某个人，那一定是公司的总裁。你能想象吗？在那次年会上大约有1000人，而小小的玫琳凯就在他们中间，戴着那顶让同事们嘲笑了10年的难看帽子。（最糟的是，我以前并不知道他们在嘲笑什么!）戴好我的帽子，然后径直走向董事长，法兰克·斯坦利·比佛里奇，我说：“明年我将成为皇后。”

也许他会因我滑稽的样子而觉得好笑。如果他知道正在和一位每个聚会只售7美元的直销员说话，那可一定要哈哈大笑了。然而他却拉着我的手，握了一会儿，平视着我的眼睛说：“我觉得你会做到的。”这短短的一句话确实改变了我的一生。

他可能不到五分钟就忘了这件事，但他的话却深深地留在我的记忆里。我大胆地说出了我的目标，而公司的董事长也认为我能做到。我绝不能失信于他。

接下来的一年里，为实现既定目标我付出了极大的努力，但却不断受挫。我把在那次皇后演示会上记下的19页笔记拿了出来细细翻阅，并把它们统统记在脑子里。尽管个性不同，但我发现销售皇后的话远远比我自己的管用。显而易见，她在我失败的方面获得了成功。因此，我采用了她的话，销售额也从7美元跃至28美元。在我拥有自己的范本之前，她的话成了我的范本。

那年年底，我真的成了销售皇后。你会记得上一年销售皇后的奖品是鳄鱼包。这么贵重的包，不是我能买得起的。因此我下决心赢得它。我甚至带着一张同样鳄鱼包的照片来提醒我去实现这一目标。谁知他们改变了奖品，给了我其他一样东西！我甚至记不得那是什么，我只知道那不是鳄鱼包。

无论有没有鳄鱼包，我通过确定目标，并把它分解成小而现实的目标，并让人人皆知，最后成了销售皇后。

在玫琳凯化妆品公司，我们坚信，应该指出一个人要走向成功的阶梯必须做些什么。这样就容易让我们的美容顾问设立她们自己的目标。经常困扰我的一个问题是，在别的公司里，没有人告诉过我要进步你必须做些什么。你只是必须工作和等待，直到最终有人说："奇怪，原来你是一个经理！"我确信，如果某个人知道自己该做什么才能获得成功，她就会去做。她应该有一个方向。

如果选择了一个符合你个人需求的职业，如果你能仔细地计划达到目标的步骤，那么工作的乐趣自然就会与你相伴。我认为，生活不是一根短短的蜡烛，而是一支光明的火炬。将它传递给下一代前，我想让它燃得通亮。

12

在男人世界里成功的秘诀

已婚、单身、守寡或是离婚，这并没多大关系。作为一个女人，你必定要在商界走一条独特的路。因为这仍是一个男人的世界。在员工手册里有最典型的例子。全国差不多半数的劳动力是女性。16岁以上的妇女中有53%外出工作（或者正在找工作），但妇女平均挣到的工资只是男人的70.6%。

经常有人问我，如何克服这些不平等，并在男人的世界里获得成功。我只好告诉你，当我开创自己的事业时，已经步入中年，患有静脉曲张，并且非常忙。

我所信奉的许多有关自身和事业的态度都来自于我了不起的母亲。她从没告诉我："你做不到。"在第一次婚姻中，我实现了长年以来想上大学的梦，那个时候我想当医生。当时，别人的母亲们正在教诲她们的女儿去猎取更多的"实际目标"，然而我母亲却告诉我要努力向前。她曾是一名护士，在她看来，护士在卫生行业中只是二等公民——医生的女仆。她不愿意我也做护士，所以她说："做一名医生。"

正如我说过的那样，我的计划改变了。在我的事业中，我选择了一条实际上更能发挥我长处并适合需要的路。母亲灌输给我的信心使我相信，只要我一心一意地去做，我能做成任何事。

面对这些不平，我再次鼓起勇气，并开始创办玫琳凯化妆品公司。事实上，我只是在大橡树生长的地方播下了橡子。能得到这样的发展，是因为我们采用了一些能满足职业妇女需求的运作方式，而其他任何一家公司都未曾尝试过那样做。我们让每一位女性都懂得发挥自己最大的能力，去做力所能及的任何事。

最近我听到一个能很好地解释有关妇女需求的观点。从出生到14岁，她需要好的父母和健康；从14—40岁，她需要美丽的容貌；从40—60岁，她需要个性；60岁以后，她需要钱。我同意这种观点，只是随着经济的发展和变化，她可能会更早地需要钱。

现在大约有4000万妇女加入了劳动大军，而这个数字一定还会上升。这一点我们只需看看在子女教育、医疗保险以及生活必需品和服务方面所增加的费用就会明白。现在妇女们比过去受到了更好的教育。在全国本科院校中女生的数目已超过男生，在研究生院男女比例也几乎是相等的（51%的男生对49%的女生）。因此，以前流行的妇女工作时间只是在上大学和结婚之间短短两年的陈腐观念，早就落伍了。

我认为，许多外出工作的妇女比历史上任何时代的妇女更有趣味，她们是更好的妻子、更好的母亲、更好的社区成员，而且她们更有知识。

但最近我读的一篇报道真让我感到恐慌。这是一份由一个独立的非营利研究机构——纽约国家产业联合会所进行的调查。该机构是由美国杰出的工业家们于1916年成立的，向社会提供有关经济趋势和实际情况的客观数据。这份报告表明，当男性工作人员的薪水与不断上升的通货膨胀率同步增长时，妇女的薪水却停滞不前。因此，按比例来说，我们现在的薪水比1939年时还少。即使在1963年颁布了《同工同酬法》以后，妇女所挣的薪水也不过是她的男性同事的62%。可能此时你能理解我的骄傲，因为我告诉过你，每一个玫琳凯全国业务督导的平均年薪超过10万美元。当商业分析家说我们公司的女员工年薪超过5万美元的人数大大超过国内任何一家公司时，我感到非常骄傲。我想你会赞同我的观点，这是真正的“男人标准”薪水。令人激动的是，这些妇女还在教其他妇女如何去做同样的事。

过去常令我烦恼的是，我挣的比男同事少。我知道一个妇女如果想挣和男人一样多的钱就必须付出双倍的努力。但作为一个努力向上的青年职业妇女，还有一些事困扰我。那就是，当我把新思想汇报给我的老板时，他会说：“噢，玫琳凯，你真是妇人之见！”

那时，“妇人之见”意味着你的思维在某些地方有问题。现在似乎很难相信，但那时候，许多妇女事实上接受了这样的观点。我们必须理解妇女曾经是二等公民，并被教育去相信这种荒唐事。女人的思维的确和男人不同，但这种差异绝不会让女人的思维比男人的差或者与男人无法比较。其实妇人之见倒是一个极好的优点。

女人拥有男人没有的一种特别的直觉。我给你讲个例子。不久以前，我和公司的两位男性管理人员在去开年会的路上经过一个宾馆的大堂。宾馆里挤满了玫琳凯的美容顾问，每走几步我们就会被阻挡一下。当我们走过两位妇女身边时，她们正在轻声交谈，根本无意和我们说话。我突然停下来。

我走过去说："出了什么事？需要帮忙吗？"

我们的年会吸引了太多的人，我们只好发放胸牌以便控制人数。但这两位女士大概丢失了胸牌，急得都快流泪了，站在那里不知所措。我们作了必要的安排，为她俩复制了胸牌，然后继续走向会议室。

当我们走到她们听不见的地方时，其中一位男同事转向我说："真不可思议。你怎么知道那些妇女需要帮助？而我们仅仅只是路过。"

"实际上我并不知道。"我回答，"我只知道出了些问题。"

我的男同事不可能弄清为什么我只简单地朝那些妇女们快速一瞥就能感觉出了一点问题。但我相信女人通常比男人对人们发出的某些微妙信号更为敏感，因此注意到的事往往也是其他许多男人无法察觉的。

我们的美容顾问通常也很有直觉。她们都很善解人意，尽管别人可能说得完全相反。举例来说，假如一个妇女做面膜，使用新的化妆品，看上去又绝对的棒，因此她对该产品表示了很大的兴趣，然后说："我以后会买这些化妆品。"通常一位美容顾问会觉得这位妇女没说真话。这位妇女也可能会说："仔细想想，我并不喜欢。"尽管她照镜子的姿态已告诉了这位美容顾问，她真的很喜欢这种新的化妆品。使用观察和直觉，一位好的美容顾问能觉察出顾客犹豫不决的真正理由——这位妇女觉得买不起这些化妆品。因此美容顾问可以说："我是否提及，你可以自己举办美容课，然后就能挣得你想要的产品？"

往往这类妇女会立刻抓住这个机会，去挣她原本买不起的美容品，并把热忱传递给其他人。

当我们在交易公园大厅开第一家店面的时候，发生了一件有趣的事，能进一步说明妇女的直觉。当时我非常需要美容顾问。我把“三英尺原则”（如果她们在离我三英尺之内，我就会问她们是否想当美容顾问）运用在我所遇到的每个人身上。到开张的那天，我已招募了9名美容顾问。

其中只有一位男士，他好像比所有的人加在一起还要更富有热忱和见解。他像一个真正的赢家。开张那一天，我们一起站在大厅外，我说：“很抱歉，我认为你不该干这一行。”这当然不是因为他是个男人。没有任何事实来支持我的这种想法，但我的直觉一直在告诉我的确出了差错。

请记住，这是我们开业的第一天，而我一生的积蓄都投了进去。如果生意做不成，我会失去一切，而且还得重新在别人手下干活。我的大脑在说：“傻瓜！这个男人也同样投入！”但我的心在说：“你是对的，玫琳凯。这里的确有问题。”

这位男士极其恼怒地说：“走着瞧，我会用我自己的化妆品公司与你竞争！”

我说：“好的，祝你好运！”

6个月以后，我打开报纸，在头版上看到了一则有关他的报道。他被判犯有重罪。如果他是我们组织的一名成员，那我们早就先会有一个“水门事件”！

直觉只是上帝给予女人的特殊素质之一。女人另一个很重要的素质是女人味。我确信，上帝赋予我们女人味是有理由的，而我们也应该努力保持我们的女人味。妇女可以追求她们希望的任何一种职业，但不需要完全放弃外表和行动上的女人味。对一个成功的女人来说，没必要表现得像个男人。举个例子，看见一个女人嘴里叼着一根烟，我就觉得讨厌。我想女人不应该让她们自己成为谴责的对象。我看到过一些女人围着男人转并沾染了一些男人的坏习气，而其中一些人事实上比男人更强。我相信这样做是不对的。这使我想起我作为唯一女性参加的一次会议。有人说："玫琳凯，因为你在场，我们只好收敛一下我们的语言了。"

我说："先生们，很高兴成为你们中的一员。我不会在乎你们说些什么。当然，如果哪位先生想找借口清洁语言的话，我乐意效劳！"

当一个女人表现得很有淑女风范时，她就占领了舞台，而结局是，男人们也会表现得像个绅士。

假如我早知道我是参加会议的唯一女性（这后来仍经常发生），我会在那天把自己打扮得特别有魅力。（那么假如我是一个曾祖母？）我发现男人尊重那些能保持女人味的女人。如果她又有很吸引人的外表，那么男人们对她会有更多的赞许。

我同样也知道了如果我是在场的唯一女性，最明智的办法就是闭上嘴巴，直到明确地知道我要谈些什么。我并不是出于害怕才使用这种方法——我从不害怕说出自己的观点。但我认识到，到会的男人会用与看待一个男人的观点不同的眼光看待我的观点。我知道当我真的说些什么时，他们会仔细地听——但我必须说到要领。

最近我和一位做了许多年生意的妇女聊天，她做了一个非常有趣的观察。她相信男人对一位职业妇女的期望值总是比对一位职业男性的要低，而且这点可作为女性的优点而不是缺点。她对我说："一位修饰良好的女推销员常常有更多的机会被主管召见。如果该主管正好要解雇一名男职员，他很可能会把这一职位留给这位女推销员。”换句话说，男人常常会给一位女士一些额外的帮助。一个聪明的女人应能很好地利用这种小小的优势。

当我强调要打扮得很具魅力和女人味时，不是说穿得很性感。一个职业女性一直需要穿戴得很职业化。比如我一直坚决反对妇女穿便裤上班。我们只在生产车间和仓库作适当让步。在玫琳凯的所有其他部门，女性职员们绝不能穿便裤上班。我们所从事的职业是帮助妇女看上去更具女人味、更漂亮，因此，我们深感美容顾问要有相应的穿着。我们建议她们穿礼服或是套装去上美容课。我们提倡修饰头发和指甲。总之，你可以想象，一个满头戴着乱蓬蓬的发卷、穿着牛仔裤并自称是美容顾问的人能告诉其他的妇女，她们怎样做才会变得美丽吗？那些女人会想：“她究竟能告诉我什么？能让我漂亮？”我们希望美容顾问能成为其他妇女仿效的对象。我们出售的是妇女用品，因此我们的穿着也必须特别女性化。

我相信，无论她的职业是什么，很具吸引力的穿着应是任何女人的特长。只要你能做到，这将会对你大有益处。不久以前，我目睹了一桩能很好地证明我观点的例子。一个女人（我称她史密斯博士）和我联系，她正在为一本有关美国妇女自我成才的书收集资料。她的名片非常吸引人，她自己在做生意而且还有博士学位。我儿子理查认为这本书肯定很有价值，因此我和他都同意花一个下午时间和她聊聊。

我想在这次约见中看上去像个董事长。因此在她从另一个州飞过来时，我穿了套黑色的丝绸套装并戴了钻石。会面安排在下午2点开始。2点差5分钟时，我走出办公室，看见一个穿得很糟糕的女人走向我秘书的办公桌！她穿了一条便裤，一件短袖衬衫，一双旅游鞋，剪了一个男孩头，没化妆，看上去似乎刚刚做完园艺活。实际上，她的指甲看上去好像做过园艺。我知道她绝不可能是公司的职员，因为那样的装束和打扮是我们办公室的禁忌。

我打电话给我的助理珍妮弗说："看在上帝的份上，在史密斯博士到来之前把那女人从这里打发走。"

珍妮弗过了一会儿回来对我说："玫琳凯，她就是史密斯博士。"

我简直无法相信！

珍妮弗把那个女人带进我的办公室，我们马上就有了一个很糟的开始。她第一个问题是有关我们公司的形象。当然，我不得不重复一些她早就知道的东西——强调女性化和得体的装束。但当她朝她的服装和她那脏兮兮的手看时，很显然我们拥有完全不同的观点。

当理查走进来时，我一下找到了救星。我想："太好了，下午的时间会进行得好一些。"

但他打开门，看了她一眼，只说声"对不起"，然后准备离开。他肯定觉得他在安排上犯了一个错误。她真的不是我们期望中的职业女性。

"噢，理查，请等一会儿。"我叫道。他走了回来。

"理查，"我说，"我来介绍，这位是史密斯博士！"他的脸告诉我，他彻底惊呆了。

理查在很礼貌地告退之前，总共才和那女人待了五分钟。他可能会对她的研究作出很大贡献，但他讨厌她的外表。因此，他不想再给她时间。我想理查的表现应是很好的一课。当他看到她如此漫不经心的打扮时，他失去了对她的尊重。无论你做什么，或者你的时间多么有限，你应尽力让自己有最好的外表。毕竟，你只有一次给别人第一印象的机会。

我想这对一个为自己争取机会的女性是很重要的。一个吸引人的外表是任何一位妇女都能获得的——如果她想做的话！

我喜欢在妇女团体前讲话，也愿意和大家分享一个职业妇女碰到的特殊挑战和回报。我经常会列出许多有益的“不要”：

不要哭泣、叫喊或为小事而生气；

不要迟到；

不要害怕自立；

不要失去控制和冷静的头脑。

女性没理由不在商界获得成功。她所需的一切就是：

直觉；

远见；

产品知识；

市场知识；

勇气；

唇膏；

清晰的判断；

执着的个性；

一台电脑。

我相信上帝赋予女性特殊的品质，但因此，他同样对我们有更多的要求。每一件女性接触过的事都应是高贵的。我们有责任把那些属于妇女的特性融入世界中。这些特性就是荣誉、正直、爱和诚实。我认为妇女要获得成功就必须模仿或照抄男人的观点是极其错误的。

上帝创造了世界，他说："那很好。"然后他创造了男人，他说："那相当好，但我能做得更好。"因此他又创造了女人。

你们是上帝的杰作——好好地利用这一点！

13

成功的开端

我认为成功者与失败者的最大差别在于：是否具备非同一般的决心。如果发现别人喜爱的职业也正是你喜欢的，你问问自己：“那人具备了什么我没有的素质?”换句话说：“我怎样才能做好同样的事?”我相信只要有决心和愿望，并且在工作中自我提高，任何一位女性都可在职业生涯中获得成功。如果你对自己不满，就回到上帝的画架上去，上帝还没有把你画完。

别忘了当我开始发展自己的事业时，我很年轻，但当我成立玫琳凯化妆品公司时，我已退休。因此，假如你不满足自己的地位，那永远不会太晚。上帝耗费了很长时间才把我放置在他为我创造的现在这个位置上。

职业不仅仅是一份工作，也不仅仅是消磨时间和拿拿薪水，它意味着一种承诺、责任和参与。假如你能认识到职业不仅仅是一份工作，并把工作当成你的事业，那就有许多值得你考虑的事。其中一条就是你达到长期目标的途径。你可能想冒险把金钱和时间投到一家独立企业上，或者你可能想得到一份既安全又能不断涨薪的职位。在这两种情况下，关键在于你要明白怎样去表现你自己和你的能力。

记住，你无论是去见一位很有前途的老板还是为你自己的事业寻求经济上的支持，推销自己就是你的工作。在任何一份职业中，都会有成千上万的竞争对手。但仔细想想你能做些什么，你就会让自己有一点优势。许多人找新职业时会问：“这份职业能给我些什么？”而不是：“怎么做才能使我及我的服务更有价值？我能满足哪些从未遇到过的要求？”有时这种态度的区别就意味着成功和失败的不同结果。

你首要的任务就是真实地估价你已拥有的能力，并给自己列一个清单。你的财富是什么？你最能做好哪些事？你最想做的是什么——不是暂时的，而是终生的事业？什么样的职业能充分展示你天然的热忱？把这些评价用白纸黑字写下来。在你把它们变成文字之前，你可能并不清楚那些实际能做到的事，而写在纸上，你的能力会一目了然。别忘了抽象的特性。例如，你可能会这样列出某些特点：我很有吸引力，喜欢和人打交道，外向而又精力充沛，意志坚定。一旦这种任务完成了，我敢肯定你会发现自己是个很特殊的人。

你的清单也能让你明白有哪些方面能够改进。这可能包括继续深造、安排家庭的责任或者提高一些其他方面的个人技巧。

要记住一份真正成功的事业需要满足三个要求。首先，你必须有成功的愿望，或者像我所说，有精神上的“想要”。第二，你必须有“窍门”。知识就是力量，它造就了热忱，而热忱又造就了成功。但无论是欲望还是知识都是不够的。第三个要求是你也要运用好你自身。你能全身心地渴望成功，你会学到有关事业方面的任何事，但除非你愿意运用这些技巧——

换句话说，要辛勤工作，否则你所有的努力都将白费。

可能你会把技巧用在自身事业的发展上，你会决定成为一名企业家。每一个我碰到过的企业家都是极端的乐观分子。我对乐观者最爱用的一个定义就是：当把一大堆畜粪放在他面前时，他会踩过去并叫喊："我知道这里肯定会有一匹马!"

金融分析家告诉我们，本世纪末，增长最迅速的领域是小型独立企业迅速发展的领域，比如那些由玫琳凯美容顾问们所发展起来的企业。

这种增长的一个首要原因是全球发展的精简型管理体系。越来越多的公司强化了每一项工作，这样可以减少中层管理职位。知识爆炸对此变化有着不可替代的贡献。一个大公司的部门经理现在只要开启自己的电脑，就能一次性取出有十几个员工汇集的信息。这就使得大量富有才华和经验的个人受到"挤压"。那么一个没了位置的中层经理能做什么呢？通常的回答是开创自己的小企业。

对在萧条领域工作的人，对想改换职业的人，或者对愿意和朋友或家人一起工作的人来说，创办小企业是一个理想的办法。这种企业的重心可以是任何方面，从小型工场（如家庭手工业）到提供职业化的服务（如内科医生和律师）。不是每一个企业家都计划成为国际企业集团，有些不过是独立的个人，他们只想做做贸易或是用一些经营技巧来支撑他们的家庭。

小企业尽管有很多差别，不过仍有相似的地方，但不幸的是，最大的相似之处就是绝大多数的新企业都可能失败。失败的理由因人而异，但资金不足却是通病。值得注意的是，当时我们只用5000美元的资本就开创了玫琳凯化妆品公司，而现在则需要更多。

即使这样，很显然成功并非仅仅取决于资金。产品和市场知识也是非常重要的。这好比如果有一条新开的路通向你家大门，你就应该设下一个更好的捕鼠器。你必须找出哪些产品和服务还没能成熟地投放相应的市场。

判断市场的能力和你在市场中的位置会受感情的制约。事实上，对许多人而言，做生意的第一理由是情感上的，但只想开始一项事业还是不够充分的。一位妇女可能热爱装饰她自己的家，因此她想："我要开一家室内装饰店。"但她必须考虑这个社区是否已有足够多既有技术又具规模的装饰店。

在试着开始一项新事业前，你必须仔细地分析自己的力量和弱点。例如，你受过什么样的训练或商业教育？许多女性寻求耀眼的职业，如时装业，即使在这个领域她们只有很少的经验或是根本没有经验。你可以考虑在所选择的领域内兼职或做临时工。这样，你可以真正了解一些你所需的有关技术。这可以帮你走向一个新的事业。

女性有很多才能，她们可能从未想过把它们当作求职的条件。如果你希望开创自己的事业，一开始就该问问自己：什么是我做得最好的？什么能让人们对你说："如果你已决定从事商业，你应着手处理……"有一些女性，她们走出家庭，发挥她们的特殊才华，已开创了几家最成功的新企业。我知道一位女性，她有一张太祖母传下来的水果蛋糕配方，她通过在圣诞节卖一点家庭制作的水果蛋糕开始自己的事业。现在她的企业已发展为一个大企业，出售成千上万个蛋糕并雇用了几百个工人。你可能知道她的公司叫布丁山玛莉。和所有的家庭手工业者一样，她仍保持着那些曾使她走向成功的品质（比如手工搅拌）。

我亲眼目睹了许多这样的例子：一位以缝纫为生的女性把她的裁缝铺

发展成为大型的绸布和室内装饰品公司，另一位女性从替她的外孙们缝制婴儿衣开始开出了成功的婴儿用品商店，还有一位女性由于怀孕找不到合适的围裙，转而开始设计孕妇服。

如果你决定成为企业家，你也必须愿意承受比在一般的职位上要辛苦得多的工作。一位开创自己事业的女性或者一位独立销售员，都是她自己的老板。如果她要成功，她必须努力为这个世界上真正的老板——她自己而工作。我经常告诉美容顾问："你必须一丝不苟地去工作，就好像有一个老板站在你身边。"这意味着每一天都必须设立明确的工作时间，问问自己："我能在工作上花多少时间？"一旦作出决定，无论如何，你都必须严格遵守这些时间。在我早年的销售工作中，我决定每天早晨8点30分开始做与我工作有关的事情。然后我会监督自己认真度过这一整天，就好像我在监督其他人一样。例如，当我按直接佣金制计算时间价值时，我意识到自己不能每天好几次停下来喝咖啡。你也一样，如果想避免失败，就必须成为一个严格的老板。

谈失败已经谈得够多了！你想知道成功，对吧？一个新事业的失败会有许多理由，而成功却通常是和某一个关键要素相联系的：满足未知需求的能力。当我们开创玫琳凯化妆品公司时，还没有任何一家公司在教妇女如何保护她们的皮肤。所有其他化妆品公司只是卖腮红、唇膏或新的眼影。当我们进入市场时我们能实际满足市场的真实需求。我们能够帮助女性明白她应该保护好自己皮肤的理由，而这点是很容易实现的。

一位名叫贝蒂·格拉海姆的女性曾识别出此种市场真实需求并满足了它。她是一位打字员，知道一定有纠正打字错误的好方法。因此她在厨房里反复做试验，最后研究出涂改液的配方。在去世前，她的公司以高达4000万美元的价格出售。

我最喜爱的成功故事是有关已故的玛丽·克劳里的。她是我多年的老朋友，也是室内装饰及礼品公司的业主。我和玛丽对彼此的事业都有深刻的影响。我尤其欣赏一个有关她是怎样建立起全国最成功直销组织的故事。

我是在40年代初认识玛丽的，当时我还在斯坦利工作。那是一个寒冷的夜晚，街上都结满了冰，广播电台在提醒市民不要出门。但我有个计划好的斯坦利聚会。我是很负责的。如果我已预订了一次聚会，无论有没有冰我一定会去。

玛丽·克劳里也同样很有责任心。她是唯一一个出现在女主人家里的客人。作为女主人孩子们主日学校的老师，她感到有责任遵守自己的诺言。因此没有什么可以阻止玛丽，那可怕的天气也不例外。我马上认识到似乎为她和女主人作销售演示也没有什么意义，因此我决定只是品尝蛋糕、咖啡和进行友好的交谈。两个女人都是很可爱的人。玛丽是一个尤其令人兴奋的人，她具有真正的超凡魅力。

当我们交谈的时候，我发现她是布尔斯制造公司总裁的助理。那时达拉斯高速公路尚未建成，每天进城是很麻烦的。我向她提及我为了避开交通高峰期而安排工作日程，这件事似乎对她很有影响。像我一样，她也有小孩。我能每天下午4点回家的事实也同样使她感兴趣。

当我们比较熟悉后，我问她当董事长助理能挣多少钱。她看着我，似乎这真的不关我的事（而事实不是），她回答道："我每星期赚66美元。"那时候，这可是很大一笔钱。

我说："在糟糕的星期里我也一样。"那又给她留下了深刻的印象。然而当我劝她成为斯坦利的销售员时，她拒绝了。

我告诉她："你做销售肯定会干得很出色。我认为你在办公桌后只会浪费时间。如果你改变主意，就打电话给我。"

有一个多月我没有接到她的电话。某一天她打电话告诉我，她丈夫即将应征国家警卫队。"我将要在家孤独地待上3个月，"她说，"你认为我可以做斯坦利的兼职吗?"

通常我对兼职工很少有兴趣，但想起玛丽很棒的个性，我同意了。她看到的第一次聚会很糟糕。我只赚了4美元。但这并没有使她失去信心。不久，她就成了斯坦利的销售员，而且干得极其出色!

几个月以后，她打电话给我，她将参加周一早晨的销售会议。她辞去了原来的职位，准备全职做斯坦利的工作。对我来说那是一件好事的开端。由于她的帮助，我的小组腾飞了。

不久，我搬到圣路易斯，玛丽的工作开展得有声有色，以致斯坦利允许她兼管我的达拉斯组。她连续赚到了惊人的佣金，后来因接受创办不久的世界礼品公司销售经理的职位才离开了斯坦利。

一年以后，我们搬回到得克萨斯，我中途停下来去看望玛丽。她带我参观了世界礼品公司的展示会。这次她发展了我。我采用了世界礼品公司的演示模式，一年中，我的小组完成了公司全部生意的绝大部分。

与此同时，玛丽却离开这家公司，创办了室内装饰和礼品公司，为自己编织了一个千万美元的成功故事。

玛丽许多年来一直影响着我的生活，但最有意义的可能是，她把我介绍给梅尔·艾施。梅尔在做礼品批发生意，因而打电话到玛丽的办公室。

当他邀请玛丽和她的丈夫达夫出去吃晚餐时，梅尔问："你有其他像你一样的熟人吗？"

玛丽回答道："有的。"然后她打电话给我。我有些勉强，但同意第二天晚上和他们一起共进晚餐。在约定晚餐时间的前几分钟，玛丽打电话告诉我出了些"意外"，达夫和她都不能去赴宴了！我怀疑她是在玩丘比特诡计，但我还是同意去。我从未为那一刻而后悔过。

不时有人走进你的生活，并总是强有力地影响你的一切，这难道不是很妙吗？想象一下，如果玛丽和我在那寒冷的晚上没有相遇，或许我们永远不会相识。

我相信玛丽是一个很好的例子，说明一位女性只要用她的才华，一心一意地去做，做任何事都会成功。首先她是总裁最好的助理，然后是高级销售员，而后又是杰出的营销经理。最后当她拥有必需的技巧并认识到存在一种未被满足的需求时，玛丽开创了一个小企业，这家企业最终成为一家大型的成功的公司。

当你开始一份新职业时，请记住，无论什么生动的想象、热切的渴望、真诚的信任、热忱的行动，你都必将一一经历。

14

优雅的外貌、美好的感觉

有时某位女性来到玫琳凯的美容课上，只是抱着双臂坐着说："我很老了，也很丑。而你们对此无能为力。我没希望。"我们试着用好话去劝说这样的女性，比如："请试用一下，你的脸会变得非常柔软好看。我知道你会喜欢的。"

如果美容顾问的方法非常有策略的话，这类妇女通常会同意做一个面膜。一旦她的面部不仅看上去不错而且感觉也很好，她会同意先尝试一下白天防晒粉底霜。然后是少许彩妆。一个小时以后，美容顾问已很难把镜子从这位妇女的手上拿走，因为突然间她感到自己很漂亮。很显然，她喜欢这种感觉。如一个女人感到她看上去不错，她自然会充满自尊。她会高昂着头回家，甚至走路都会带有更多的自豪。我想这种经历和我们取得一个伟大的个人胜利与成就后所感到的那份得意洋洋是相似的。

如果一个女人坐在镜子前，用着我们的一种化妆品，就会从一个丑小鸭变成一只美丽的白天鹅。我们经常可以看见这种奇迹般的外貌变化。有亲眼目睹这种外观和情感上变化的机会才是我们事业的真正价值。

毋庸置疑，在经济学家列举萧条时仍发达的工业时，化妆品业和烟酒业同属最前列。比如，在大萧条时期，啤酒很显然是安慰人的最廉价的方式。在我们了解烟对健康危害之前，人们用抽烟来减轻紧张程度。当年景很差时，一个女人可能买不起一件衣服，但她仍能通过买新的唇彩而给自己有所鼓励。事实上，买新的化妆品在精神上给人的鼓励就像出席一个化妆舞会一样。

很久以前，我就知道，即使在最极端的状况下，化妆品仍对妇女的信心大有好处。拿一个已经病重的妇女为例。她有些好转的一个重要的显示是当医护人员某一天走进病房时发现她已梳理过头发，用了一些唇彩，还化了一些妆。当我去参观母亲所在的休斯敦护理院时，我亲眼目睹过这种现象。她的第一个问题总是："噢，宝贝，你带了你的化妆盒吗?"当然，我总是带着。接着妈妈会问："亲爱的，你能替我做面部护理吗?"

每一次，我都会替母亲化妆。每一个在护理院的人都会告诉她是如何的漂亮。即使到80高龄，她还喜欢那样做！化好妆，我会梳理她的头发，她总会穿上一条漂亮的裙子，然后出去看她的朋友。很难解释这些简单的步骤是怎样改变她对人生的看法的。母亲总是有积极的反应，以至于有一天她的室友问我是否可以给她做美容。我也做了。她得到了同样的赞美。

"噢，"我想，"如果休斯敦的美容顾问能每周一次来护理院替她们美容，岂不是太好了？这完全是一种热心的姿态，而且同时，母亲能使她的六个朋友高兴。这正是这些妇女所期望的。"

在休斯敦美容顾问和业务督导会议上，我提出了我的设想。我指出因为有55位美容顾问出席会议，每人只要自愿去一周，我们就可以有一个超过一年的活动。大家都认为这是个好的主意，她们也都乐意去帮助这些老人，使她们对自己有份美好的感觉。美容顾问们都知道那些美容课赚不到钱，但这会是件好事。因为我女儿玛丽琳是休斯敦的业务督导，我让她替外祖母安排第一次皮肤护理课。当我告诉母亲我们的计划时，她很激动。这让她有了一个为别人带来点好处的机会。她马上就邀请了六位妇女参加下一个星期四的聚会。

玛丽琳在约定的时间给母亲的朋友们做美容。她们当然喜欢这样！但我们绝没预料到这些妇女会预购156美元的化妆品！从那以后，玫琳凯的美容顾问在护理院安排了定期的皮肤护理课。不久，那里几乎所有的人都在用玫琳凯化妆品，妇女们比过去更漂亮而且感觉也更好。

几年以后，我们公司参加了在达拉斯金田护理院里进行的科学实验。这个实验证实好的外表能使人有更好的感觉。我的医生，赫尔曼·肯特，有一天晚上打电话给我并问我他和他的妻子是否可以来我家拜访。他们到我家后，他解释说他是金田护理院的董事之一，他们想通过一个实验来决定改善女人的外表是否能帮助改善她们的精神面貌。肯特解释说："我们认为，因为玫琳凯美容顾问上美容课并改善妇女自我形象，玫琳凯公司比其他任何公司更适合加入这项研究。"他接着告诉我，整个研究会受到一组医生——包括精神病学家和心理学家的监督和评估。

那时，那个护理院里有350名老人。研究者们认为，为了更充分地进行科学研究，他们至少需要60名志愿者。首先，这很难使许多妇女感兴趣，她们会说："宝贝，你们已迟了20年。"我们同样发现有些人宁可毫无表情地坐在电视机前或者睡觉。这些妇女中的许多人对生活缺乏热忱。我们都觉得很沮丧。

最终，我们说服了60名妇女，我们开始训练这些志愿者。每天早晨7点钟我们帮助她们做日常的皮肤清洁和化妆。这个研究就这样开始了。

两个月以后，我去护理院看看事情进展得怎么样。真令人吃惊！我发现，那些女人都化了妆，穿着她们最好的衣服，还戴着首饰，就好像她们那天早晨要去教堂一样。我简直无法相信这种变化！

起初男人们并没有加入这项研究，因为没有人会认为一个七八十岁的老绅士会对此感兴趣。但当我和护理院的人交谈时，至少有六七位先生跑来对我说："我们希望一视同仁！"他们也想参加此项研究活动！

半年后，这项研究活动以成功告终。一切都发生了巨大的变化。女人们都能早早起床并问："谁来帮我做皮肤护理？"在活动结束时，护理院的人设午宴感谢我，但真正让我感动的是，当面对这些观众时，我意识到他们的变化太显著了。所有见到的人都经过精心的打扮，看上去很精神，眼睛神采奕奕。那才是我真正需要的感谢。

肯特医生的妻子在研究活动中异常活跃。午宴后，她对我说："玫琳凯，今天还有一个人没能和我们在一起。但我想你会愿意见她的，你能跟我上楼一趟吗？"

她带我来到6个月前我第一次来护理院时就看到过的那个病房。这里用来安置有严重精神问题的病人。我仍清楚地记得一个已经失去理智的特殊病人。她就像个小孩，身体很单薄，只能坐在儿童高椅上。她就是这样来度过每一天的，很安全，不会掉下来受伤。3年来，她都是这样低着头坐在那只高椅上。一直以来她对周围的世界毫无意识，从未说过一句话，认出过一个人。我知道医生们已决定让她也参加实验。当我们走下楼时，肯特夫人说每天早晨志愿者必须撑起那妇人的头，才能给她做美容或进行化妆。在做美容的过程中，志愿者还会对她讲些安慰的话，然后，当一切完成时，只好又把妇人的头放回原样。她会一直待在那儿，直到护士喂她、替她洗澡或是把她放上床睡觉。

当我们走近高椅上的这位女人时，肯特夫人停下来说："这是玫琳凯，就是给你提供化妆品的那位女士。"

听到这些，这个女人抬了一下头，并朝前看。她的脸上隐约出现了一丝微笑——这是3年来她第一次有反应！对我而言，那一丝隐约的微笑使我们整个研究具有价值。

在护理院发生的一切是非常戏剧化的，而我也看到了化妆是如何改变一个女人以及她的全部感觉的。我永远不会忘记在我们公司开办初期发生的一件事。我们曾登广告在得克萨斯的谢尔曼市招聘新成员。我们宣布，作为一种推广新产品的方式，我们将给所有希望来见我们的妇女一次美容的机会。但反响很差。到4点时，广播电台又广播了一场暴风雪即将到来的消息。

"我们收拾一下就离开，"我说，"不然我们会困在大雪里的。"当我们正在急匆匆地整理时，电话铃响了。她的嗓音是我在那一整天里所听到的最好听的声音。她说她家离这儿很近，所以我让她赶紧过来。

和我一起来的业务督导希望在道路变得危险之前回到达拉斯，因此她对这一新进展很不开心。但我坚持说那女人听起来像是一个很好的带头人，然后补充一句说："我不愿意毫无收获地离开这里。"

当我们把所有的东西都陈列出来时，响起了敲门声，我打开了门。我从未见过如此高大的女人。她至少有6英尺6英寸（约1.98米）高，穿着一条黑色的紧身裤和一件黑色的圆翻领的毛衣。(相信我，她的衣服和裤子绝不相配!)此外，她头上还戴着一个黑色的发网（那种过去很流行的钩针编织的发网，女人们通常用来包住散乱的头发)。她全然没有化妆。

看到业务督导双眉凸起，我能想象她正在想：“最好的一位，是吗?”毫无疑问，这位妇女和我描述的截然不同。

但我们承诺过给她做美容。因此当我去大堂办理离店手续时，业务督导开始给这个女人做有史以来最快的美容和化妆。那时，我们还在卖假发。最后，业务督导把一个可爱的金色假发戴在这个女人的头上。这个假发看上去很华丽，但对一般人来讲至少大了两英寸。不过戴在她的头上却恰到好处。

当我回来时，这位妇女流着眼泪坐在镜子前。我想你有生以来也未必见过如此巨大的改变！她看上去真的很漂亮！最后，那妇人说：“在我一生中我第一次变得这么漂亮。”

我知道她没有钱，因为在电话中她就告诉过我她丈夫已好久没有找到工作了。她还告诉过我她非常爱他和他们的两个孩子，也很希望去帮助他。她取下她的结婚戒指——她最珍贵的财产——抬头望着我说：“玫琳凯，你能让我回家，让我的丈夫看看这个样子吗？只一次，我拿我的结婚戒指当抵押。”当然，你知道我让她戴着那个假发回家了。

我们在暴风雪中开车回达拉斯。但一想起她让我感受到的那份喜悦，我认为这么做很值得。当我们回到办公室时，理查告诉我这该是最后一次用鸡、猪或是戒指来购买商品！但无论如何，事情是很清楚的：当一位女性知道自己看上去非常漂亮时，她就会有巨大的变化。当她看上去不美丽时，她的自我感觉也不会好。假如一个女人正在烤蛋糕，却发现她没有桂皮粉。她穿着牛仔裤，卷着头发，而她的脸没有丝毫化妆。她知道她自己看上去很糟，但她又必须去买桂皮粉。因此她只好冲出家去街区的食品店。她肯定会遇上一些她不想看见的人，但却很难让自己躲在那些马铃薯罐头的后面。

但假设同样有一位女性结束婚礼后走在回家的路上时，她知道自己看上去很美。如果遇上什么人，她会有完全不同的态度。她会表现出她的自信。毫无疑问，一个女人如果外表非常美丽，会感到自我宽慰。

几年前，我在休斯敦上培训课。其中一个美容顾问从未在美容课上收入超过100美元。她在公司已有三个月，也参加过一次又一次的培训课。但在某种意义上，成功总是离她很远。

在上那堂课时，我说："你们必须充满自信。上课前，应先整理你的头发和指甲。如果你还没有一件能让你感到能挣百万美元的礼服，去买一件。"（我从没想过这句话会对她产生什么样的效果！）"如果在衣橱里只有一件使你感觉非常不错而又会赢得赞美的礼服，那么每节课都穿这件衣服，直到你能买得起第二件为止。"

这位妇女和她的丈夫经济上一直很困难。三年中，她从未买过任何新衣服。她离开培训课后，径直去商店买了一件新衣服。那天晚上她第一次有了一节收入100美元的美容课。

她是那样的激动！她决定如果新礼服就是问题的关键，那么第二节课前她会去买另一件。她的确买了，在第二节课，她又卖了价值100美元的化妆品。第三节课，她又重复了这个步骤，又有了第三次收入100美元的课！在下一个星期一，她跳着冲进销售会议并宣布："我找到了秘诀！你所需要做的就是去买一件新衣服！"

当然，那并不是全部的秘密。真正的秘密是当她对自己的外表有自信心时，她就能在演讲中表现出更多的热忱和说服力。这样看来，我们许多美容顾问都有一件被她们称作“幸运装”的衣服。这样一件衣服通常能保证一节成功的课。这事实上是一种精神状态，但你会经常听见：“当每次穿上我的红套装时，我就会有一堂收入200美元的课。”

通常刚参加我们组织的妇女是不知道怎样去穿戴和表现自己的。但她同样会尽力去“适应”周围的女性。很快，她会经历一个更为巨大的变化，从而使她成为一位自信而又成功的职业销售员。我们所有的人都喜欢合群，同样我们也发现一个新来的妇女如不重视好的外表，她通常“不是被改造就是被淘汰”。这让我想起小孩子们。如果别人穿的是牛仔裤，而小女孩却被迫穿裙子，她就会感到不自在而且不合群。

我已提到对一个女性来说，外表的漂亮有多重要，但我想男人也和女人一样应关心他们的外表。只要去理发店，数一下等着吹风的男人的数字，就能使我们确信，很快就能看到那么一天，男人又会开始化妆。不幸的是，你经常会看见一位男士，穿着漂亮的衣服，漂亮的鞋，拎着一只昂贵的公文箱，头发修剪得整齐，指甲也修理过，但他的皮肤却很糟糕！如果追溯历史，你会发现的确在很多时候，男人化妆并戴假发。一个女人保持皮肤的清洁和健康，用化妆品来强调或淡化脸部的特征。那么为什么男人就不能这样做呢?

可能现在唯一阻止男人不用化妆品的理由是这样的做法被称为女性化。一个真正的大男人使用除臭剂也不过是前不久才出现的事。时尚和观点是会变化的。

即使这样，许多人知道我们有一条很成功的男士用品生产线后感到很惊异。在公司开办不久，我们发现许多妇女订购基础护理品的周期比正常要短得多。我们本来担心这些顾客很可能在不恰当地使用我们的产品，因此我们打电话过去说："让我们回顾一下你是怎样使用面膜或晚霜的。你应该还没用完你的基础护理系列，会不会你用得太多了？"

谈论了几分钟后，那位妇女通常会承认她化妆品用得如此之快是因为她的丈夫或是男朋友也在使用！她解释说，他发现她的皮肤开始变得很光滑，于是就关起门来，给自己做美容。在几次这样的事例以后，我们决定引进我们的K先生生产线。我想许多男人在使用粉红色的标着"玫琳凯"的瓶装化妆品时，一定会觉得很可笑。因此我们设计了更为男性化的包装，并把化妆品的名字也改得更为男性化。例如，晚霜成了保湿面霜，清洁霜变成了清洁剂。金银色的K先生瓶子的外面加上一只漂亮的手提袋以便旅行时携带。我们现在把男士皮肤护理产品称为男性皮肤调理用品，具有针对男性皮肤的特殊配方，同时也考虑到男性特殊的皮肤护理需要。现在，这条皮肤护理系列的生产线占领了20%的男性皮肤护理市场。绝大多数产品都是女人们替丈夫、儿子或是男朋友购买的。当男人们逐渐公开他们对好皮肤的需求时，我们已经万事俱备！

外表美丽会让你的感觉更好！我相信在玫琳凯化妆品公司，我们致力于帮助女性（和男性）把这些美好的感觉转化成更为积极的自我意识，这反过来又会让他们更有信心和决心去迎接挑战。就像我常说的："我们所做的不只是化妆品事业，我们还在做人的事业"。

15 快乐是……

当我们的公司在1968年成为上市公司以后，我成了百万富翁。那个在休斯敦怕走错路的可怜小女孩最终成功了！但我并没有这么想："噢！我是百万富翁，现在我真快乐。"

就像一首歌中唱的："快乐因人而异。"我想对于快乐每个人都有自己的见解。但我愿意和你们分享我的快乐观。依我所见，快乐首先是有份你爱做的工作——有份即使没酬劳你仍喜欢做的工作；其次，有一个你爱的人；第三，你总是有所希望。

和许多人的想法相反，快乐是不能用钱来保障的。通常许多为钱所困的人认为钱能解决一切问题。当然当你没有足够的钱来支撑你的家庭并让他们过上舒适的生活时，是很难感到快乐的。钱是重要的，但那只是在你有足够的钱之前！我的意思是说在你挣足了能提供好的食物、足够的衣服、不错的房子和那些我们已经认为是必需的奢侈品（比如彩电和汽车）

的钱以前。

也许你会认为："玫琳凯说得真轻巧，她不需要操心钱。她是一家大公司的董事长。"现在这是事实，但我并不是一直在这个职位上。我的亲身经历让我十分清楚靠争取一张又一张佣金支票来生活是什么滋味。我早就跟你们谈过我事业初期的日子，也就是我不得不做销售或者我每个月付不起租金的时候。多年来，我是三个孩子唯一的供养者。我可以让你相信责任是一种我永远不会忘记的东西。假如你现在正在为收支平衡而努力，我能真正感受你所经历的一切。

尽管我知道经济方面的艰辛，但只有一次我把钱当成了最高需求。那是在我开始攒钱买第一幢房子的时候。我一无所有，每星期我往户头里存进几个美元。我仍记得，存到100美元时，我是多么的激动。然后我的目标变成在100后面再加上一个零。当达到这一目标时，我欣喜若狂。我尽可能避免花钱，这样我买房的钱才能不断地增加。这花了很多年时间，但最终我还是实现了买房的目标。

钱本身对我从不是那么重要。我经常听人们说钱对他们而言是表现成功的一种方式。他们常常在挣得了一份舒适的薪水之后还想挣更多，而这样做只是为了衡量他们的成就。他们说不是钱本身，而是他们从事的工作本身所含的那份日积月累的价值使他们兴奋。

当然，我们每个人都被不同的事物所激励。但我坚信最有钱的人未必最快乐，那些真正热爱自己工作的人才会拥有真正的快乐。工作对我就是一份激动。即使到了今天，每天早晨我仍5点起床，开始完成我清单上的"六件必须做的最重要的事"。我喜欢完成清单上所有任务时的那种感觉。我经常说我喜爱自己的工作，即使没有分文报酬我也会工作。

有一份你热爱做的工作是我快乐观的一个重要部分。我真的替有些人感到难过，他们每天早晨都必须去上自己并不喜欢的班。停下来想一想，在每个24小时的工作日里，你睡觉需要8小时，工作占了8小时，那就意味着你只有8小时的娱乐时间！如果你生活中三分之一时间很悲惨，那必将对另外的三分之二产生负面的影响。

前些日子，我读了一篇有趣的文章，文章中写到精神病研究所里住满了怨恨自己赖以生存的工作的人。他们中的每个人在长年早起并被迫去上他们不喜欢的班以后，突然“崩溃”了。我发现这实在很悲哀，同时我们也可以从中吸取教训。如果你也不喜欢8小时工作制，那种精神状态必将会对你的精神健康有长期的负作用。

我们公司的许多女职员都写信告诉我，她们在玫琳凯化妆品公司的成功使得她们的丈夫能够放弃他们完全不喜欢的工作，转向更令人满意的职业。丈夫们也经常写信给我表达他们的感激。当他们的妻子在玫琳凯化妆品公司的薪水还不能够让他们改变自己职业目标的时候，他们中的许多人感到被束缚在毫无生命力的生活中。一位美容顾问告诉我，她赚了足够使她丈夫获得自由的钱时，她那发亮的脸更清楚地说明没有其他任何事能比这更能使她或她家人更满意的了。

当然，我们整个玫琳凯化妆品公司准则的基础一直就是给予胜过获取。在一位美容顾问的事业刚刚开始时，她就被告知：“你的职责不是去卖化妆品，而是去上美容课时问自己：‘我怎么做才能使这些女人回到家时感到更美丽？怎样做才能使她们充分明白外表美丽最终会让她们的内心更美丽？’”

我们教育美容顾问，她们的职责是给予。在我们整个组织中我们也同样强调这一点。我们告诉业务督导们永远不要紧盯着一位美容顾问，想："呀，这个月她可以为我创造多少多少美元。"相反，督导们必须思考她们该怎样尽力去帮助美容顾问并发挥她从不知道但却潜在的才能。在我们的事业中，我们通过给予获得快乐。就像有人曾说过的："鲜花总是把芳香留给赐予它们生命的双手。"

今天，我想说，让我感到最快乐的是，看见这么多人热爱玫琳凯化妆品公司的工作。我经常收到信，上面这样写着："我喜欢成为一名美容顾问，即使没钱我也干。"知道有这么多的女性和我有着同样的感觉，对我来说真是巨大的快乐。

当你这样喜爱自己的工作时，非常重要的是要有人与你分享。即使你能成为世界上最有权威的人物，如果没有一个人与你分享，你的快乐在某种程度上是不完整的。想想有多少人，他们能找到令人羡慕的高薪工作，但却找不到快乐。已故的玛丽莲·梦露就是一个很好的例子。表面上，她拥有一切，美丽又富有，而且还有一份令人兴奋的工作。但在达到她声誉的顶峰时，她却自己结束了自己的生命。很难理解像她这样的人实际上生活却是如此悲惨。在她死后，我们中的许多人都为知道梦露所谈及的深深孤独而震惊。她一直站在聚光灯下，如此的被人崇拜，她怎么又会如此的孤独？我们可能会想："像玛丽莲·梦露这样的人肯定会被朋友包围，社交邀请多得应付不过来。"但真实的情况却是，她的声名和魅力使人们对自身感到不安。他们认为她理所当然是不可接近的。因此她不仅没有找到真正爱她的人，而且还觉得孤独。

这就是为什么拥有一个爱你的人，一个能与你共度时光的人，被作为我快乐观的一个重要部分。玛丽莲·梦露的生活中并没有这个部分，结果她被毁灭性的想法所吞噬。我认为许多像我这样的寡妇会非常清楚地理解这一点。我和丈夫梅尔14年来一直彼此相爱，并分享快乐。当梅尔去世时，我感受了最深切的悲哀。但我知道我不能让自己被自怜所吞没。相反，我尽可能地面带笑容。4天以后，我又继续我的职业计划。我尽量使自己终日忙碌以至于根本没有时间去为自己感到难过。我相信如果你失去所爱的人，你必须接受这样一种说法，你的爱人现在去了一个更好的地方。我们的悲哀只属于我们自己。生活是对活着的人而言的，我们必须继续我们每天的目标和计划。

我们同时必须牢记，别人并不会因为我们的悲哀而感到忧伤。我失去梅尔后过第一个圣诞节时，我根本无心去摆设一棵圣诞树。在圣诞前的一个星期，有将近400位业务督导被安排来我家拜访我。每一位督导都希望看见我屋子里的节日气氛。我不想影响她们的情绪或是节日气氛，因此我装点了我的房子，又露出我快乐的笑脸。

在梅尔去世的那个月，我和我的自怜作了同样的斗争。他死于7月17日，在那个月的22日，我计划款待来达拉斯参加年度会议的业务督导们。有14次在这样的场合里，梅尔总是站在我的一边，欢迎职员们来我家。他会帮忙搬甜点和茶。他经常会在聚会上发表一个短而非正式的演讲。而在这个特殊的7月，我感到一片迷茫。但她们永远不会知道，因为我不会让她们知道。

梅尔走了，我的心却始终有一块空缺着。很幸运的是我还有这么多热爱我的人们，而我又常常拥有与在公司工作的女性分享一切的特权。不久前，我收到一封来自亚特兰大的泪迹斑斑的信。信是这样开始的："最亲爱的玫琳凯，我今天早上坐在厨房的窗前，看着我的女儿用她那两条完好的腿跑步。我突然醒悟过来这个奇迹的产生完全归功于你。"她继续解释道，她的小女儿天生就有一条变形的腿，而她全家又无力支付纠正这种变形所需的许多次手术的费用。因知道小孩们会无情地嘲笑她，这位妇女害怕想象她女儿带着残疾去上学。

当小孩快三岁时，这位女士参加了一次美容课并意识到她能够和她所看到的美容顾问一样去做。因此她成了美容顾问，开了一个特殊的储蓄户头。几年来她积攒了她所挣的每一分钱。当她写信给我时，手术已做完，她女儿已有两条正常的腿。这是一位知道怎样去爱、怎样与家人分享快乐的女性。我也同样感激她能让我分享快乐。只要知道能让一个小孩过上正常的生活，我们在建立公司时所付出所有的努力和艰辛也就值了。

我快乐观的第三部分就是要有所期待。拿我自己作例子，这一部分总是和我前面的两个快乐要素联系在一起的。我期待我能一直像过去那样热爱我的工作，我期待能和我爱的人一起并分享一切。我想极为重要的是在彩虹尽头总会还有别的东西。当你快要实现你的梦想时，你又有了另一个梦。难道你不觉得期望总比真正实现你的目标更为让人激动？例如，孩子们过生日总没有期待生日那么兴奋。一个学生盼暑假或毕业时也同样如此。在我们公司里，我们经常看见那些令人激动的期待。当一个业务督导在为得到她的第一辆粉红色凯迪拉克而努力工作时，她和她的下属都会兴高采烈。但一旦实现了梦想，兴奋也会随之而去，所有的人又像通常那样各司其职。我想大多数人在期盼他们的第一所房子、第一件皮衣、第一只钻戒以及其他生命中的第一次而激动时，都有过同样的经历。一旦梦已成真，代表梦想的目标也就不再那么重要。

我想经常有期待实现的梦，同时用新的梦想替换已实现的梦想是健康的想法。只有这样，你才会永葆生活的热情和激动。这肯定需要那令人欣赏的旺盛精力。我明白正是这种旺盛的精力使我保持坚强。

在一本漂亮的名为《信念的魔力》的书中，克劳德·布里斯托以新闻记者的身份描述他所观察到的现象。他看见一些人死于疾病，而其他的人只是病了，又康复了。他观看足球比赛，有的球队赢了，而其他的球队输了，就像被杀掉了一样。在研究了全世界的种种现象以后，他写道："我渐渐地发现有一根金线使生命在运动，而那根金线只可用一个词来命名——信念！"布里斯托看到了在行动中信念的威力，并记下了他见到的一切。有信念的人会做神奇的事！

我们都需要一个理由在早上起床，我们需要不断地做我们喜爱的新事情，去发现新的兴奋点。我自己的梦想是有朝一日玫琳凯化妆品公司成为世界上最大而且最好的护肤品公司。这并非是不切实际的梦想，事实上我们现在已接近目标。

真正快乐的人是永远不会找到彩虹尽头的。在我的一生中我已享受了这么多的东西，大大超过了我所有的梦想。但我仍觉得很难耐心等待在每个新的一天必将呈现的日出。这是因为我确信每天总存在着一些令人激动的事。在一生中的每一天里，我总是感激上帝给我这么多的快乐。

16 莫对上帝吝啬

我最近收到一个信封，里面装着20张一美元的票子，还有一张一个业务督导写的条子，请求我在每张纸钞上亲笔签名，这样她可以以此奖励她的美容顾问。这种事经常发生。通常我在签名边上写上同样的东西："马太福音25章14至30节。"我真的相信我们必须使用并完善上帝给我们的每一样东西。这个签名告诉我们，当我们使用时，上帝总是给我们更多。这一真理在我整个的一生中得到了戏剧性的证明，但我还是要告诉你一个非常特殊的例子。

几年前，我所在的教堂的牧师请我在集会上讲话，为儿童学习中心募捐。必须承认我的第一反应是叹气（希望我作了很好的掩饰）。募集基金的活动进展缓慢。每个星期日，集会中的一个成员会为这一特殊的募捐而发出呼吁，但结果仍令人灰心。无论谁讲，每周我们募到的钱只有600美元到1000美元，按照这种速度，我们需要很长的时间才能建起这座中心。

想起这些，对担当这额外的星期日早晨的演讲职责我有些犹豫。此外，我并没有参加主日学校的活动。因此我对牧师说：“我和教堂的儿童工作毫无关系，为什么不邀请那些熟悉这项工作的人？”

“你真的相信孩子们必须在教堂里接受教育吗？”

“是的，我当然这么认为。”

“那么，就这样讲吧。”

他说服了我。“几时？”我问。

“接下去的第六个星期日，怎么样？”

牧师是聪明的，我相信人们会同意做六个星期以后的事。我下决心不比其他人讲得差，因此我同意作一次尝试。

“我会好好讲的。”我说。

六个星期飞快地过去了，在办公室我始终很忙而且还要出一些差。但在我的脑子里，我一直在为集会上的动员报告搜寻合适的词。我通常总是提前计划好这样的工作。因还没写好我的演讲稿，此事一直困扰着我。

在集会前的一个星期，我和梅尔在芝加哥。我又一次无法找到时间静静地坐下来写东西。在演讲前的晚上，我们回到家时已经午夜。因为没有合适的词，我十分焦虑。但我相信，先好好地睡上一觉，第二天早晨准备我的演讲会更好。

那天早上我和梅尔睡过了头！当我醒来看钟时，已过了10点。我只有不到一个小时整理我的思绪并赶至教堂。那天穿衣服的时间也比平时的早晨要长。何时写我的演讲稿？我本想早晨能有一些安静的时间，准备好我能想象的最佳演讲。看看发生了什么！在某一瞬间，我想最好还是待在家里。但那是不可能的，我必须信守诺言。

梅尔已经跑着准备好了一切，我也同样做了。我抓起我看见的第一件挂在壁橱里的礼服。当我快速穿衣服的时候，我想："主啊，让我的嘴里塞满有价值的话，当我说够了，请阻止我。"很显然，因为我根本没有时间想，这次演讲全掌握在上帝的手中！

"主啊，你必须告诉我说些什么。"我祈祷着。在我化妆的时候我一下子停住了，因为一个念头非常清晰地闯进我的脑海里。突然之间我惊呆了："玫琳凯，告诉到会的人，无论他们捐多少，你都相应捐多少。"

这个念头是这样的生动，所以我放下我拿着的化妆盒大声说道："等一分钟，主啊！我要仔细想一想！"幸好，梅尔没能听见我在化妆间里大喊大叫。"他会认为我发疯了！"我想。如果我暗示上帝真的对我说话，任何人都有权建议，我应该多休息一会儿。和上帝交谈是一件大事，许多人都那么做。我也常听人称上帝和他们讲话，但这次是我最贴近上帝的一次！

在车上，我想了一会儿，然后做祈祷。我很想告诉梅尔我的主意。"你不敢吗？"当我们默默地向前行驶时，我一遍又一遍地对自己重复。我尽量集中我的思绪，但我所能想的全部就是刚刚这么清晰并如此意外地闯进我脑子里的那句话："玫琳凯，告诉到会的人，无论他们捐多少，你都相应捐多少。"

到教堂的时候，唱诗班正站好队，所有的仪式即将开始。我们不得不踮着脚沿着走廊找到我们的位子。我们还没来得及坐下，牧师已叫我到讲坛上去。

当我走过去时，我不清楚我该说什么。我再一次默默地说：“主啊，一切都在你的掌握中。”我开始讲述那些在休斯敦主日学校里教书的日子。在那里我和四五岁的孩子们待在一起，目睹了给小孩子们教圣经的价值。我谈到教孩子区别错和对的重要性。我记得引用了谚语：“教会一个孩子走他该走的路，即使他老了，他也不会偏离正道。”

接着，我听到自己在说：“大家知道，我们一直都在讨论这座大厦。每个星期天，我们都能募集600美元。好一点的星期，我们甚至可以达到1000美元。但以这样的速度，只有等到这些孩子都有外孙时，这座大厦才能建成。因此我们必须为此再做些什么。

“你们可能听我说起过我们的公司以及我们如何用现金来运作的。好，那么今天无论各位捐多少，我就捐多少!”

全场一片鸦雀无声。我深深地呼了口气，然后继续说：

“大家知道我们进行的是非信用的运作，因此今天我不想从各位那里只得到允诺，我要现金或支票!”为了掌握好尺度，我又重申：“今天无论你们捐多少，我就捐多少。”

我真的这么说了。我朝梅尔看了一眼。因为我没有告诉他我的主意，而且梅尔已退休，可能根本支付不出这笔捐款，我实在不能用我们两个人的名义这么做。但我不想以我个人的名义这么做而伤害他的感情。无论这个数字是多大，我知道我都将独自去承担。

梅尔看上去很吃惊，其他一些人也如此。但最重要的是。参加聚会的人都还在。我真不想看见场上没有反应。当我走回我的位子时，我已开始为我完全失败的主意而责骂自己。“看看你自己，”我想，“你会卖化妆品，不会推销上帝的德行。”

当牧师结束他的祷文时，他停顿了片刻然后补充道：“今天早上我似乎很难集中你们的注意力。我希望这是因为你们在思考玫琳凯的建议。”然后他注视着我说：“玫琳凯，我碰巧知道今天早上我们很多成员在来教堂之前，都已写好支票，所以她们可能忘了带支票本。我们把时间放宽至下午5点，怎么样？”

“行。”我说。我很惊奇这位牧师似乎认为集会的人会作出响应，但我希望他是正确的。5点快到时，我在等电话铃的响声。整个下午我都在担心能募集到多少钱。但没有人来电话。我不断地看表，时间一分钟一分钟地过去了。每过一小时，我就更泄气。很显然，募集的钱太少了，以至于他们都不好意思告诉我。时间越晚，我的感觉越糟。我通常都会和梅尔谈论我担心的事，而这次我实在难以启齿。直到我们上床休息前，我仍没得到任何消息。

第二天上午大约10点，我终于接到了大厦委员会主席的电话。

“我昨晚一直在等你的电话，”我说，“怎么样？”

“是这样，”他说，“昨晚做完礼拜后我们为这事开了个会，会议结束得很晚。”

“噢，有那么糟吗？”

“噢，不，正好相反。很惊人。”

很惊人？1000美元？可能更多。大概是2000美元！或者甚至5000美元？“你的意思是……？”我问他。

“现在，玫琳凯，”他小心地说，“在我告诉你数字之前，我想告诉你我们在会议上发生了争论。”

“真的吗？”

“我们花了一些时间讨论这个问题，我们决定你不需要兑现你的提议。我负责把这点向你说清楚。我们知道你并没有想过会发生什么，我们也如此。”

“是我的建议，”我说，“我必须坚持。”

“现在，你没必要那么做，我希望你知道这一点。我们理所当然会理解。”

“多少？”这开始听起来更像是5000美元！可能1万美元！如果那样，真是太棒了！他仍在犹豫，我想：“可能是2万美元。”

最后他说：“107748美元。”

我正是那个昨天晚上上床前还在祈祷他们至少该募到1000美元的人！在我的一生中我还从没有过这样百感交集。107748美元，再加上我的捐献，我们已足够开始建造那座大楼！我曾请示上帝告诉我该说些什么，他的确告诉了我。它是那样的成功，大大超出了我最狂野的梦想。

另一方面，我的声明又十分清楚地出现在我的脑海里：他们必须给现金——我也同样——就今天！

现在，我这边的沉默已变得引人注意了。“你没事吧？”他问。

“是的。”我叹了一口气。我思绪翻滚。在我的账户上并没有留下那么多的现金。只要有钱，我就会投资。但其他成员都拿着现金而来，那么我也该这样。我唯一的解决办法是取消我的下一个约会并开始着手安排银行借贷。

“喔，你没必要兑现你的提议。”他又开始说。

“我知道，我知道。你们的确考虑得非常周到。但我理应信守自己的诺言。事实上，你应该让大厦委员会知道，这的确是我的荣幸。”

希望我说得非常真诚，但我不敢肯定，因为在我挂上电话那一刻，我把自己的名誉押了上去。那是很大的一笔钱，比我期望所需要的多了100倍。“主啊，”我说，“你让我陷进去，现在该帮我脱离窘境！我怎样才能得到这笔钱呢？”

电话铃响了，是理查。

（在这点上我必须倒回去解释一些事情。在发生这件事的几个月前，理查曾拿了一份投资计划来见我。一个他认识的地质学家发明了用一种地震技术来找石油的方法。理查调查了这些计划的步骤，它的潜力给他留下了深刻的印象。结果，他鼓励我去投资两口油井。我信任他的判断，并告诉他：“去做吧。”从那以后，我从没再想过这些油井。）

理查有些兴高采烈。“在我一生中，我从未见过这样的好事！只要你一伸手，什么东西都会变成金子。”

“什么意思？”

“那些油井，”他说，“记得吗？我刚听说它们出油。不是一口，而是两口。都是喷油井！简直无法相信。你知道那些油井会值多少钱吗？”

“告诉我。”我敢保证我已停止呼吸，因为我有了一种有趣的感觉。

“从这两口井中”，他说，“这个月你的红利会超过10万美元。”

向你保证，那天中午我把我的捐助送到教堂时，非常谦卑并充满感激。我可以在月底用投资那些油井的收益去还银行的贷款！

这一件事情让我想起以前在主日学校里当学生时所了解的一些事（顺便提一下，那时的教室没有这座儿童大厦里的教室好）。你永远不需要担心为主牺牲，因为他总是保证让你得到百倍的回报。那个有关才华的寓言里已说明了这一切。奉献越多，回报就越多。莫对上帝吝啬。

我的故事还有一段续篇。这事成功后，过了几年，我被邀再次为教堂募集一大笔基金。这次我决定用另一种方法：我组织其他成员，花了六个星期为我们的建议准备好集会。一个美妙的星期天早晨，我们为基督教学习中心共募集了超过1000万美元的基金，还有一次为教堂的内殿募集了700万美元！我过去说过，但现在我会更强调——莫对上帝吝啬。

17 想起粉红色

几年前，迪克·巴雷特，我们的一位高级管理人员，为哈佛大学商学院的学生作了一次演讲。从他的级别你就可以想到，他总是穿戴得非常职业化。走进教室时，他异常惊喜地发现几乎每个学生都穿着粉红色。自1963以来，玫琳凯化妆品公司中的全体人员都已赢得“粉红色声誉”。事实上，对我们来说，似乎只要有人“想起粉红色”也就会想到“玫琳凯”，我们都热爱粉红色。

然而，粉红色并非是我最喜爱的颜色！因此在我们创办公司期间，当我告诉同事们用粉红色时，大家都颇为惊奇。我们的产品包装和促销资料的颜色基于纯逻辑的选择。1963年，在美国几乎每家都有一间白色的浴室。像现在一样，当时人们经常在橱顶放些瓶瓶罐罐，如除臭剂、发胶、香水和化妆品。绝大多数的标签都被设计成鲜亮而大胆的颜色，在我看来这有些咄咄逼人。我希望化妆品瓶很吸引人，让妇女们愿意把它放出来当摆设。我们考虑了许多种颜色，最终决定选用在那些贴白瓷砖的浴室里看上去最漂亮、最柔和、最优雅的粉红色。

随着我们公司知名度的上升，每一个人都希望我热爱粉红色，要我在粉红色的办公室里办公，住粉红色的房子，甚至常穿粉红色的衣服。我现在要向你承认多少年来我一直在抵制“粉红色的压力”。的确，当人们告诉我，我必须做什么时，我可能有点固执。坦率地说，我觉得在黄色和蓝色的氛围之中我感到更舒服。我喜欢保守的黑套装，然而人们常告诉我，像红色和蓝色这样强烈的色彩，无论是对我的视觉还是情绪都会很好。哪个女人会不喜欢穿人们都认为合适的颜色呢？

但粉红色继续保持对我的影响——它与良好的感觉、成功以及美好的回忆越来越紧密地联系在一起。有一天，我想到用粉红色的凯迪拉克表彰我们最出色的业务督导。我想要凯迪拉克，因为它是轿车至尊。我想要粉红色，因为它是“我们的颜色”，因为这种颜色获得了我们最大生产商的推崇。毫无疑问，当一辆粉红色的凯迪拉克停在交叉路口时，一定会让人关注。当我开着凯迪拉克，每个人都在注意，并且在某种程度上我从其他开车人那里获得了特殊的礼遇。（我们的业务督导们也注意到这个相同的现象。）如果我等在十字路口，肯定有人会礼貌地示意让我通行。

汽车成了重磅炸弹，也是我们奖励计划的核心。我们甚至还创造了其他两种超过我们凯迪拉克业绩的奖励——业务督导可获得一辆粉红色的Pontiac Grand Prix，业务督导和表现优异的美容顾问们可获得一辆红色Grand Am。

事实上，我们每年给通用汽车公司的订单非常之大，以致他们现在很正式地称我们的颜色是“玫琳凯粉红”。我怎么能拒绝如此美妙的颂辞呢？

此外，很多细心的人还记得我送给她们的粉红色礼物。似乎每当一位业务督导或美容顾问看见一件粉红色的东西时，她就会想到我！结果我总是收到极其可爱的粉红色礼物，我们把许多这样的礼物陈列在我办公室、接待处和我家里的古玩橱里。我喜欢每一件礼品，因为它们代表着我们和许多人共同分享的爱和成功。

那些了解我们要买成千上万种奖品和促销品的生产商也记得我。几乎每一天我都能收到样品，比如粉红的铅笔、粉红的信笺、粉红的夹子，等等。你会很奇怪，竟然什么东西都能做成粉红色的。有时这些礼品的设计是很聪明的。例如，我们曾用一个粉红色的计算器作为竞赛的奖品。在所有东西中，我甚至收到过粉红色的用于户内练习的小蹦床，而某些大胆的皮毛加工商还送过我一件粉红色的貂皮衣！

很快，粉红色似乎给人们非常美好的印象。一组加利福尼亚的心理学家经过观察研究后得出结论，粉红色有助于过分激动和崇尚暴力的人们保持冷静。他们发现无法控制的囚犯们被注射过粉红色细胞以后，许多人会在几分钟内变得安静！

我并不清楚这是怎样发生的——究竟是心理学家们研究出来的镇定作用，还是我现在把粉红色与爱相联系这个事实——我终于开始热爱粉红色。毕竟，“如果你不能战胜她们，那只好加入”。

当我决定建造一所新房子时，这一点得到了充分的证实。在计划阶段，一些我最亲近的顾问来到我这儿，小心翼翼地说：“玫琳凯，因为这么多的美容顾问和业务督导会看见这所房子，我们认为最好能体现我们公司的形象，把它漆成粉红色。”

我说：“主意不错，就这么干吧。”这真让她们惊讶。

房子造好了。我不得不承认，它的确宏伟壮观，层高足有28英尺（约8.5米），一个希腊式的泳池，威尼斯的水晶吊灯，一个宽敞、带有大理石壁炉的镶木接待室，一个完全模仿我已故朋友利比雷斯家的浴室，一个金黄色的餐厅，一个带旋转楼梯的客厅，以及足够的客房。

我在粉红色的房子里住了6年，而许多时候我都是在一个相对小的套间里。套间包括我的卧室、更衣室和办公室兼图书馆。

18

掌声，喝彩

你最后一次接受别人的掌声是在什么时候？在大学毕业的典礼上？还是在教堂成员会议上当你作完演讲之后？你还记得那美妙的感受吗？然后上千倍地去放大那份感受，并想象自己站在达拉斯年会的主席台上。在你的身后是几块大型的屏幕，每一块都像你在剧院里看到的那么大，每一块上面都投影出你的照片和名字。你被一群能编出故事的人包围着，并置身于可以和百老汇相媲美的灯光和布景当中。当成千上万的人站起来给你掌声时，照相机"喀嚓"声此起彼伏，闪光灯闪个不停。这就是在玫琳凯年度研讨会上你能见到的情景，我们称之为"舞台的威力"。职业销售员们走过主席台才几秒钟，而后带着激动和热情，颤抖着走下台去。从那一刻起直到第二年的会议，每个人都会极力争取再一次赢得这样的掌声。那是因为我们中的每一个人都想争取获得认可。

年度研讨大会是玫琳凯公司最重要的一件事。此时，每一位美容顾问和业务督导可以聚到一起分享并认同相互的业绩。而我们所谈论的不是简单的“公司会议”。大会需要花费几百万美元，是一场非常昂贵的表演，它把学院奖、美国小姐竞选活动和百老汇的开幕式融为一体。大会由让人眼花缭乱的颁奖、对抗赛、戏剧表演和娱乐节活动组成。这是一个长达三天的景观——玫琳凯风格。

我们花费这么多的钱和精力是因为我们掌握了一个非常重要的经验：获得认可的愿望是一种最有效的动力。假如你用一个值1美元的盒子装上40美分的奖品赠送给某人表示对他100美元成绩的认可，那会比为认同40美分的业绩而在同一个盒子里装上100美元奖品的效果要好上千倍。

在大会期间我们全国的销售督导和高级销售领导会安排一些培训讲座，讲授涉及各个专题以帮助美容顾问创立自己独立而富有实效的事业。毫无疑问，大会的高潮是颁奖晚会。我们不遗余力地精心布置主席台，使其魅力无穷，可与德米尔的大制作电影舞台媲美。当我们最优秀的员工被授予那些让玫琳凯化妆品公司与豪华和魅力等同起来的惊人奖品时，晚会达到高潮。那些奖品包括钻戒、粉红色的凯迪拉克轿车和梦幻旅行。

每一次颁奖晚会都有一个主题，以表达一项公司的宗旨或是一个能产生动力的理念。例如，在过去的一次年会上，主题就是“梦想成真”。那次特别的会议让制作专家花了几个月时间创造了一个神话般的布置，有四层高的城堡，还有音乐、骑士和他们的女伴，上千只闪闪发亮的白炽灯，音乐选自《卡米洛特》。即使是一个极端厌世的人也会被舞台上那无所不在的奔放热情所吸引。那正是我们想让观众去感受的——积极投身于更为灿烂的明天和更伟大的梦想！

年会充分表达了一个十分简单的概念——赞美使人成功！让人们知道

你欣赏她们以及她们的表现，她们会以做得更好来响应。掌声和认同就是世界上最有效的动力。

人人都喜欢被赞扬。我采取的一个非常重要的做法就是想象我所遇见的每一个人，在脖子上都挂有一个标牌，上面写着："让我感觉自己重要。"无论这是比喻还是事实，但每个人确实都会对掌声作出反应。有两份礼物，一份是100万美元，而另一份是信心，如果让你选择一份送给孩子，我相信最佳礼物必将是信心。而你只需用赞扬和掌声就能够给予信心。

我经常会在我们公司以外的场合遇到一些讥笑我们奖品和公司标识的人。很可能一开口就蹦出一句蠢话："那些鬼花招不可能让我做好工作。"或者他们还会问："你不认为那些只为了一根小发带或别针而努力工作的女人很愚蠢吗?"很显然这些人根本不了解周围的世界。

我听过一个简短的故事，它表明了赞扬对人们的重要性。一位母亲和她十多岁的女儿讨论有关那女孩男朋友的事：

"他喜欢你什么?"母亲问。

"噢，他认为我漂亮、甜美、个性好。"

"那不错。那你又喜欢他什么呢?"

"就因为他认为我漂亮、甜美、个性好。"

我想对掌声的需要，成人和孩子不会有多少不同。你是否注意到，每当橄榄球运动员赢得重大比赛，他们的头盔上就会增加一颗星。我想那和小孩子因表现好而在学校得到金色的五角星没有太大的区别。无论小孩还是高大魁梧、体重达250磅（约113公斤）的橄榄球前锋，每个人都会对表扬作出反应。那些挂在士兵胸前的勋章和授带又意味着什么呢？为获得象征着认同的标志，人们甘冒受伤的风险，甚至愿意献出生命！

赞扬在我的童年生活中意义重大。我母亲称赞我所做过的每一件事。我开始喜欢这种认同并希望得到更多。我喜欢因为卖票最多而受表扬，也喜欢因在班上打字最快而获奖。我喜欢在聚光灯下参加辩论，也喜欢在即兴演讲比赛中获得掌声。

年会上的嘉奖是我们最高形式的认同，但其实我们每一天都在用赞扬这一原理成千上万次地去称赞成功的人。我们从相识的那一刻就开始鼓励每一个有前途的美容顾问。当一位女性把玫琳凯化妆品公司作为她择业的首选时，她通常会说：“噢，实际上，我不会做销售。”她真正想说的是：“我没有足够的自信。”我看见过加入我们公司的一些女性，她们甚至连通过电话预订比萨饼的信心都没有。我想她们中的一些人不可能靠默默地祈祷来领先！但我们还是用称赞来鼓励她们，哪怕是最小的成绩也不忘记赞扬。我们一遍又一遍地为每一次小小的成功而喝彩，最重要的是，她们确实正走向成功。我们的赞扬使她们成功。

一位来参加我们新业务督导培训计划的美容顾问非常胆小，她甚至都不敢说“早上好”。当我走进房间说“早上好”时，她却低下了头。我知道她已加入我们公司，这样将来她就要在聚会上站在六个人的面前说：“我的名字叫露比·李。”那就是我所说的，要有自我意识！

一位同事问我怎么看待她，我回答说：“我认为这个女孩根本不可能成功。我从没见过这么害羞的女孩。”我绝没料到，一年以后同样是这位女士，会站在年度大会的主席台上。她已在领导几千人的销售队伍。她的演讲很有感染力，赢得了长时间的掌声和欢呼。她绝对棒，现已升为全国业务督导！她曾需要的一切就是有人能给予她信心。

让我给你另一个有关“赞扬使人成功”的例子。这事发生在很多年以前，那时我们公司总部仍在皇家大道1220号。一天早上我在自己的办公室，而我们总部的办公室很小，因此我无意中清楚地听到门外我们的荣誉全国业务督导海伦·麦克沃伊和一位美容顾问的谈话。

“你在美容课中卖出了35美元？”她热心地说：“那实在太棒了！

当时35美元已算不上什么了不起的销售成绩。我想象不出她在对谁说话，也不明白她为什么要这样说。所以我打开门，想瞧个究竟。海伦看见了我。

“玫琳凯，”她说，“介绍一下，这位是新来的美容顾问。昨晚，她在美容课上卖出35美元！”海伦稍作停顿，然后热情地说：“她前两次课什么都没卖出，但昨晚……”

如果没有海伦的赞美和鼓励，这位新人一定不会再召集第四次美容课。海伦是借赞美来使她成功。一个人由于每一次小小的成就而受到赞扬，他会更有信心去获得自己难以想象的更大成就。约翰·D.洛克菲勒说过：“我愿意付出更多用于提高处理人际关系的能力上，而不是其他的物质方面。”我相信正是由于海伦具有与人打交道的天赋，使得她当了17年的玫琳凯化妆品公司的最佳全国业务督导。

我曾说过，我是多么希望赢得斯坦利家用产品公司举办的达拉斯小姐竞赛。我为什么如此努力地工作？这当然不是为了能披上有“达拉斯小姐”字样的缎带。我工作是为了能获得认同。后来我看到很多妇女把缎带看得和一份昂贵礼品或是现金奖励一样重要，并为此而努力工作。奖品是什么，这并不重要。即使我们用一个食品加工机当奖品，而一位妇女也已有了一个新的Cuisinart牌食品加工机，她仍会加倍努力去获得这份奖品。她所需要获得的只是认同。

我们发现就职不久的妇女往往会因我们给她的赞扬而飞速成长。没有一个家庭主妇会在她的家里听到这样的赞叹："多么漂亮干净的地板!""多么干净的手巾！它们多白、多柔软!"许多办公室工作人员很少听见："你的报告真不错，很少有拼写错误。"即使那些从事志愿工作的妇女也可能从未因为她们的贡献而获得认同。当她们中的某一位加入我们公司时，她会突然发现通过努力工作而获得认同和金钱是多么的有意思。

我认为很多妇女愿意为获得很小的一点认同而努力工作。因此，当一位美容顾问第一次在一堂课上卖出150美元时，我们授予她一条缎带，当她第一次在一堂课上卖出200美元时，我们再授予她一条缎带，以此类推。最近一个业务督导写信告诉我们，她的一些组员赢得了我们所有的销售缎带。"我又该怎么做呢?"她问道。我回信告诉她，该去赞扬那些招募新人的成员，还要帮助她们成为业务督导。我们的业务督导都理解获得认同的重要性。比如她们中的许多人对手下的美容顾问采取每招一个新成员就给予一颗星的奖励。当那位美容顾问来达拉斯参加新业务督导培训时，她的制服上自然早已有了15颗至20颗小星星。她的业务督导通过星星给了她一个看得见的取得业绩的标识，那些星星会说："瞧——我是个成功者!"

获得认同是重要的，令人激动的奖品也同样是获得认同的象征。我永远不会忘记我所赢得的第一个销售比赛。我努力工作是为了赢得最高的销售奖；当我得到它时，你知道那只不过是一盏碟形的灯。我甚至不知道它有什么用。后来我才知道这种灯是在你穿上齐腰的高套靴在水里叉鱼时用的！我为成功而骄傲——但我实在不需要这盏灯。

多年来我一直保留着这盏碟形灯，只是为了提醒自己，如果哪天轮到我授奖，绝不要给一位女士一盏碟形灯！我努力尝试着选取那些会让获得者兴奋和激动的礼物。我想最好的奖品应是女人想要但可能永远不会替自己买的礼物。在我们公司里，我们排除了那些最"实际的"礼品。女士通常会先考虑家庭，而后考虑自己。如果你在天平的一边放上洗衣机，而在另一端放上一枚钻戒，绝大多数妇女会选择洗衣机。那就是为什么我们拿粉红色的卡迪拉克和钻石首饰当奖品的原因。

我们已颁发了无数枚钻戒，除了订婚戒以外，许多女性从来没有收到过钻石礼品。在我们公司里，只需要几年时间，一个星级成员的每一个手指上都可戴上钻戒。

任何东西都能成为获得认同的标识。在玫琳凯化妆品公司，有一样很成功的礼品，那就是服装。例如：一位美容顾问发展了三位新成员，她就可获得一件特殊的红夹克。业务督导及全国销售督导根据她们所取得成就的高低，可穿戴由设计师专门设计的套装（每年均有新选的套装）。因此，走进有上万个玫琳凯业务督导和美容顾问的人群，你只要看看衣服就能认出谁是最优秀的成员。显然这种传统是模仿军队制服的区别而来的。（毕竟，级别象征着特权！）

我们表示对人认同的方法也并不局限于奖品。我们也把公司杰出的员工刊登在我们的杂志《喝彩》上。人们喜欢看见她们的名字被印成铅字，因此我们每月都排出我们的星级销售员，包括最佳的新成员和新提升的业务督导。每一期都登满妇女的照片，表明这些妇女在我们公司中已取得很重要的成就。

大约有7000个业务督导每月都发布信息来表扬她们组里的成员。在很多情况下，这就意味着认同那些有重大成就但并没有在《喝彩》上登出来的人。我们公司总部的办公室同样也为督导们出版了一本《督导通讯》。它经常转载一些最新的或者特别激动人心的已刊登在地方通讯中的故事。每个人都渴望能被通讯选登，因此这也成了获得承认的一种形式。

我相信公众的认同是最好的赞扬。通讯是给予认同的一种有效的方式，而另一种方式则是小组会议。我们所有的业务督导都会召开这类会议，并借此机会表彰那些获得成就的人。在你的同事面前获得赞扬比私下里受称赞更让人激动人心。热情的掌声、缎带的授予和其他的一些奖励都会使人更为兴奋。这种认同会让人在自我价值的实现上创造奇迹。

在玫琳凯化妆品公司，只要值得就给予赞扬已成为我们各个方面工作的宗旨。赞扬始于一位女性参加的第一节美容课——在我们告诉她美容后她看上去如何好看的时候。接着，当她表示有兴趣成为美容顾问时，我们鼓励她一定能做到。可能她最需要的赞扬是在她召集第一堂美容课后。每一个美容顾问都会犯很严重的错误，一个明智的督导会尽量避免去批评。尤其是在开头，美容顾问每做到一件事都需要得到称赞。

我想并不是每一个人都能正确地对待批评。假如一个女人花了100美元买了一条新裙子，第一次穿时，有人说："上帝啊，你从哪里买了这条糟糕的裙子?"我相信，她永远不会再穿这条裙子。如果你一定要批评，最好把它夹在两次赞扬中。例如：一个业务督导走进一位美容顾问的美容课，她可能会记两页的笔记。但在一页上，她应写下所有她观察到的好的方面。课后，美容顾问肯定会说："告诉我，什么地方做错了。"（她们都那样说。）而业务督导应说："让我们谈谈你做对的地方。"然后，通过称赞优点来鼓励美容顾问。当必须给予批评时，她很仔细地将它夹在表扬中。只有这样的批评才会被接受并改进。

不真诚会导致适得其反的后果。因此我认为当你给予表扬时，真诚是很重要的。当我还是一名年轻的推销员时，已在艰难中学到了这一经验。

每逢我真的喜欢女主人家里某些东西时，我总会给予称赞。但在一次特别的晚会上，我很匆忙，而且没有时间真正观察周围。当我准备做演示时，发现了一幅画，上面画着一只蜂鸟停在兰花上，我说："多美的画!"

女主人说："噢，我真高兴你喜欢它，是我画的。"

我想不出其他有什么话可说，所以我又一次赞扬了她的画。很显然我留给她的印象是我真的很喜欢这幅画。

两个星期以后，我又去她家送她买的产品。圣诞节快到了，我很需要那笔钱去为我的孩子们买圣诞礼物。那位女主人热情地欢迎我，然后说："你知道，玫琳凯，我一直在想，你是多么喜欢我的画，因此我打算把画送给你来换我的化妆品。"

当然，只有谢谢她了。可想而知那年我们过了怎样的一个圣诞节。但我吸取了一个无价的教训：永远别给他人不真诚的赞扬。（当别人希望用货而不是用钱换产品时，我也学会了说："不，谢谢。"）

赞扬是我们的事业中不可缺少的一部分。每一位美容顾问很早就学会了赞扬她的同事们。赞扬很快就成了她的第二天性。她赞扬他人的习惯会传给其他人，并很快使她认识的每一个人的生活变得更加丰富。

爱默生说过："能成为你自己的一部分的才是真正可以给予他人的礼物。"当我们给予别人鼓励和真诚的赞美时，我们同样也给予了我们自己。长期来看，我们也是真正有收获的人，因为我们给予别人的所有赞美会同样回报到我们自己的身上。

19 人情味

很多年以前，为了能和我所服务的那家公司的销售副总裁握手，我在队伍中等了3个小时。我们从未见过面，对我来说，这是一次非常特殊的机会。当我一步一步地终于见到他时，他是握了我的手并向我问好。但同时，他一直在看我的身后还有多少人。即使到今天，我仍会为过去的那幕记忆而感受到伤害。从那时起我就下定决心："如果有一天我成为那个握别人手的人，我一定会把我所有的注意力都集中到站在我面前的人身上，即使这意味着我永远无法结束握手。"

事情果真发生了，人们排着队等着和我握手，而我也竭尽全力让每个人都觉得她们很重要。有人问："你怎么做到的？你不累吗？"当然，我体力上的确很累，我继续这么做是因为我知道被一个你认为很重要的人所冷淡是什么感觉。无论你是站在接待的行列中，还是和你刚放学的孩子交谈，对站在你眼前的人集中你的注意力始终是很重要的。如果你喜欢那个人，那当然会更好。你应该永远用你所喜欢被对待的方式去对待他人。

对人们来说，个人注意力是极为重要的，远远超过你的想象。多年以前，我决定买辆新车。那时刚刚出来一些双色外表的车，我一心想买那辆黑白双色福特车。我有付现金的习惯，所以一直等到攒够了钱才去买车。那天正好是我的生日，我准备买那辆美丽的汽车，把它当作送我自己的特殊生日礼物。揣着买车的钱，我走进了汽车经销商的陈列室。

销售员显然看见我是从那辆破烂的旧车里出来的，觉得我一定买不起新型的汽车。他根本不给我任何时间。他完全忽略了我的存在。

而我是一心想买那辆车，我请求和经理谈话，但他出去吃午饭了。我不想和那无礼的推销员在陈列室里待在一起，等了一小时，决定先去散步。

马路对面，正好是Mercury牌汽车的经销商，为了消磨时间，我决定去那家展厅看看。地板上放着一辆黄色的Mercury，它比福特贵得多。这里的推销员非常有礼貌而且对我也很感兴趣。很快他知道那天是我的生日。他说了声抱歉并离开了一小会儿。等他返回后，我们谈了很久。其间他为我做了一件令我难忘的事，他把一打红玫瑰放进我的臂膀里。那就是为什么我最终买了一辆黄色的Mercury而不是黑白的福特车的原因。

我一直相信人情味的重要性。几乎每个月新的业务督导都会来达拉斯参加会议。每次我都尽可能安排时间去接见她们。

来参加会议的业务督导都愿意和我一起留影，尽管有时我感觉拍得太多了，但只要有请求，我仍会尽可能摆好姿势。我和出席会议的每一个人合影，通常会站上好几个小时。曾有人建议我从她们面前很快地走过，不要和任何人交谈。但如果那样做，我想每个人都会感到受伤害。我知道这对她们很重要，因此我会和每个人交谈。

那些相片也会成为我们新提升的业务督导们重要的营销手段。例如，美容顾问在上美容课时，将我的照片与公司资料一起夹在讲课用的活页图表夹里。美容顾问往往会讲："这是玫琳凯，我们的荣誉主席，一个曾祖母！"在课上的女人们会张大嘴巴说："噢，是吗？那张照片可能是在她14岁的时候拍的！"但假如她能抽出照片，并说："这是我和玫琳凯上个月拍的照片。"那么大家突然都会产生兴趣，并想看看这张照片。据说，这样能给与会者带来更多的兴奋，因为女人们通常对近期的照片感兴趣。而这样做又更亲切。

现在我们的公司规模已很大，人情味也似乎变得更为重要。这是因为人们不太相信我是个真实的人。经常有妇女来玫琳凯化妆品公司见我，说："我几乎不敢相信，真有你这么一个人。而你的的确确像他们所说的那样。"

我觉得对我所见的每一个人，一句亲切的问候往往是很重要的。有人常常会对我说："玫琳凯，你还记得我们在某某地方见过吗？那时我只是一个新来的美容顾问，你告诉过我，我总有一天会来这里。"必须承认，我并非能记得住这些说过的话，但听到这些话时，我明白过去曾在这儿说过的那几句亲切的话对人们意味着什么。

这些人情味不时地将我从过去人们认为的神话人物变成现实中的我。最近有一位先生打了四次长途，并一再坚持要和我通话。我正在开会，珍妮弗告诉他，我不在，但愿意提供帮助。最后，他告诉她打电话的理由。"你看，"他说，"我妻子已做了美容顾问，她想下一张很大的订单。我告诉她，让我查明这家公司的情况再说。我想和玫琳凯谈谈。"

会议结束后，我在电话留言簿上找到了他的名字及珍妮弗的留言。我打了个电话给他。

“我已经调查过你们的公司，”他开始说道，“我发现你们的销售额以百万计。真想不到，你会给我回电话，我没指望会接到你的电话。”

其实他自己也有公司，但对我们这种人情味印象深刻。最后他对我说的一句话是：“玫琳凯，你的回电使我真正相信你了。”

听到这句话我非常高兴，因为他过去肯定难为过他妻子，而现在他绝对会支持她的事业。

如我在第九章中所强调的，帮助美容顾问得到家庭的支持对我们公司来说是非常重要的。每当一位女性来公司接受新业务督导的培训时，我们总会给她的家人去一封信，解释一下这对她事业的益处，并感谢他们这星期能让她和我们在一起。我们总是在她到达达拉斯的星期一寄出这封信，使它在恰当的时刻到达她家人手里。此时她的家很可能因她不在正变得乱七八糟。我认为这些信都十分重要，因此每封信我都亲自签名。

从公司开业至现在，我们给每一位员工寄过圣诞卡、生日卡和周年纪念卡。我们给成千上万的人寄贺卡，而且保证让每一张卡寄达的日期准确无误。我亲自设计卡片。每张卡上都有我的手迹。“美妙的生日献给美妙的人”和“宝贵的东西极为稀有，但其中一件你必定拥有”等都是我最喜爱写的话。

当美容顾问在我们公司度过整整一年的时候，我们也会寄给她一份周年证书。以后三个周年，她都会收到相应的证书，而到了第五年，她将收到一枚可爱的带有数字“5”的胸针。

我们几千名业务督导也都会收到圣诞和生日礼物。有一年，我们给督导们送了一个“熊女士”作圣诞礼物。这也是梅尔曾给我的星期四礼物。上紧它的发条，它就会说：“你真棒……你正大步向前走。”或者：“我爱你，你真棒。你能做到任何事。”

我也同样要求每一封寄给我的信都应有回信。我感到每一封用心写来的信都值得回复。当然，随着收到函件的增加，事必躬亲是不可能的。因此，我们建立了一个专门用一种特殊方式分析并回复信件的制度。

当然还是有许多事由我自己亲自处理。其中之一是慰问卡。每天我都可能要给我们刚刚失去亲人的职员发出一打手写的信。我也亲自给那些病重的职员写信。我有一些在我悲哀或需要关心时很有意义的诗歌，我会把其中的一首抄在信中。人们似乎很为我的亲笔信和诗歌而感动。如果有可能，我有时也会打电话去表达我的哀悼或希望对方尽快康复的愿望。有时我打电话告诉她说我们都爱她。打一个这样的电话是轻而易举的，但对振奋一个人的精神大有好处，甚至会有奇迹发生。

无论我们公司的规模有多大，我们总努力保持一个大家庭的气氛。这里没有人被称作先生、女士或夫人。理查总是被大家叫作理查，大家也都叫我玫琳凯。如果有人称呼为艾施夫人，她们要么不认识我，要么对我很不满。在门上我们同样不贴头衔。除了开会，我们所有办公室的门都是敞开的。你能想象得出，如果你开着门，人们就会经常径直地走进你的办公室并打断你。但我们觉得让大家知道她们能看着我们考虑重大的问题是非常重要的。

在我们公司里，紧闭的门不多，同样你也无法找到经理的专用洗手间或餐厅。我们有一个漂亮的自助餐厅，这餐厅不像公司的食堂，倒像乡村俱乐部。但这不是为头头们准备的，这是大家的餐厅。

随着公司的壮大，有时我会因在电梯上碰到一个我不认识的人而尴尬。假如我能从他或她所携带的文件上判断出他为我们公司工作，我会说："你好，我想我们没见过。我是玫琳凯。"当意识到这样做有时会让人不知所措以后，我决定去参加每月的新成员动员活动。这些人都才刚刚加入公司，因此当他们来开会时往往非常正规，脸都绷得紧紧的。我先讲了几个趣闻，然后开始谈公司，不久，他们就渐渐放松，并开始微笑。我想这些会议会有助于让他们把我看作一个朋友，而不是一个荣誉主席。

偶而也有和我在一起但不能适应我们大家庭气氛的经理。这种事往往发生在他们已为一家等级森严的公司工作过以后。有一个尤其特别的经理，不仅关上他的门而且拒绝同来访的美容顾问和业务督导交谈。甚至还有几次，他对她们表现得非常粗鲁。那正是他在过去的公司里做事的方式。（很难相信，是吗？）最后，我不得不对他说："你有这份工作的唯一理由是因为那些美容顾问和督导。对我们来说，她们是世界上最重要的人。难道你不这样认为吗？"后来他的确明白了他的态度有问题，当再有美容顾问或是业务督导来见他时，他会热情欢迎。他在工作中变得很快乐，不用说，其他人更是如此。

不幸的是，一些公司并不尊重他们的雇员。我们的一位职员曾讲过和他前任老板共事时的伤感经历。他的妻子午夜时分临产，他送她去医院，却发现胎位不正。情况很危急，在两天时间里，她随时有生命危险。在这段性命攸关的时间里，他默默地陪在她的床前。事情发生以后，他忘了应及时给办公室打电话，脑子里只想着她。

当他回来上班时，因为没有及时打电话而失去了工作。即使在他解释了所发生的一切以后，他们也只是说："那么好，假如你认为工作不比那事更重要，你只有被解雇了。”

他听说我们公司很看重家庭，因此申请来我们公司。他知道我们把家庭放在公司之上。假如我们的雇员发生了同样的事，我们会为他所做的一切而感到骄傲。每当谈及发生在他身上的一切时，他会说道：“玫琳凯只会送粉红色的花而不是粉红色的解聘书。”那就是我们的声誉，我认为我们已得到回报。现在，有很多人希望来我们公司工作。而我们员工的精神面貌是一流的。

在我们公司里，大家都看重人情味。我们相信礼貌待人的益处。我记得一次有位先生谁也不问就走进来，坐到我们的接待处。后来，接待员问他：“先生，有事要帮忙吗?”

“没事，”他回答道，“我来这里只是为了给电池充电。我整天都在访问公司，许多人都对我冷嘲热讽，令人讨厌，他们朝我大吼：‘你想要什么?’但来到这里，所有的人都是这样的快乐并面带微笑，就好像走进阳光里。访问这家公司使我感觉良好。”我想这是我们受到的最好赞扬。

住在郊外的人告诉我们，当她们叫出租车司机送她们去玫琳凯化妆品公司时，司机们会将她们视作贵宾。司机经常会说：“去玫琳凯化妆品公司，我很乐意效劳。”“那是城里最好的公司。我去那里接乘客，当我必须等人时，她们是唯一一家请我进去坐着等待的公司。其他公司肯定把我赶出来。”

我相信人情味，因为这会让每个人感到被尊重。就像有人曾经说的：“尊重是一种动力，使事情进展顺利。”在我们公司，我们所做的与这个商业世界里惯常做的并不一样。但我深信人情味帮助我们建立了这个公司。

最近，一位先生写信给我：“玫琳凯，公司发展得这么快，我担心总有那么一天人情味会消失。”

我回信向他说明，当我们有1000名员工时，我担忧过。当我们有5000、1万、2万名员工时，我也担忧过。我现在仍在担忧，而我们的组织已拥有32.5万多名员工！我告诉他，我会一直关注人情味，会尽力使我们的人情味永不消失。理查也这么认为。这给了我极大的安慰，因为通过他，这个重要的宗旨会坚持下去。

20 布丁的味道……

玫琳凯化妆品公司由各种不同背景的人所组成，她们各自的信仰也有差异。我们吸引了年青妇女、中年妇女甚至外祖母们，她们分布在全美和各大洲20多个国家的都市及乡镇。我希望能谈到她们中的每一位，因为她们每个人都有一个特殊的故事。

她们之间存在差异，却都拥有同一条纽带——一种我认为在商界是独一无二的生活态度和给予的精神。我开创这家公司时，我的事业发展可以以黄金法则为基础的信念得不到支持。现在，玫琳凯这个大家庭的成功表明，妇女可以按照这种信念去工作和努力，并能取得巨大的个人成就。

对有些女性而言，成功也许意味着可以挣足够的钱送她们的孩子去上大学或购买更大的房子。而另一些则有更高的经济目标。无论给成功下什么定义，玫琳凯的女性们都认为，她们的信念和家庭要比她们的事业更重要。她们所依据的玫琳凯哲学就是：上帝第一，家庭第二，事业第三。

我在这本书里提到了许多业已达到职业和个人目标的美容顾问和业务督导。我坚信她们的故事是玫琳凯化妆品公司真正成功的写照。在我们的资产负债表上，你永远无法发现我们公司最有价值的资产，因为我们最重要的资产是我们的员工。无论这家公司能创造多少利润，如果它不能丰富员工的生活，这家公司其实已经失败。我们真正的财富已被成千上万的女性所证实，她们发现我们公司能使她们的生活更为丰富，使她们的家庭生活更为充实。在我看来，那就是布丁的味道，一尝便知。

如果你已经读过许多有关我生活的故事，你一定会赞同，我的故事是一个真正的从贫困走向富裕的故事。我的确是凭自己的力量建起了一个很大的公司，我也的确为我的生活和我的财产而自豪。

但我只是一个人。

今天，在玫琳凯的世界里，成千上万的妇女由于这份职业已获得了她们一生中最重要的东西。假如你想读读我们公司优秀员工的故事，你一定要去买一本我们出版的书，名字叫《卓越的空间》。这里你能读到全国销售督导的个人经历，全国销售督导是直销员在玫琳凯化妆品公司成功的顶点。我们称她们的个人故事为“我”的故事。

读读这些“我”的故事，真的很会给人动力，而且我知道对任何一位未在书中出现的女性，她都可能在书中找到一个与她有些相关的“我”的故事。这些故事表明，在玫琳凯化妆品公司，任何一位女性都可以从任何职位升至顶峰。而在此书中，你会发现我们的全国业务督导们正是那样做的。正是她们的生活故事使得这本书充满着绚丽迷人的色彩。

你会读到，有一位全国业务督导来玫琳凯公司前她甚至都没有填过一张支票，但现在她所赚的比美国总统还要多得多。有一位以前住在贫民窟里，而另一位曾无法忍受她的好朋友开着粉红色的凯迪拉克!

对许多夫妻来说，妻子在玫琳凯的成功使得丈夫能够离开他不喜欢的工作。其中有一个丈夫是个经济学家，而他的梦想是开一家美发厅！还有一个以前是工程师，后来却成了牧师，等等。

还有一些激动人心的故事是有关单身母亲的。来玫琳凯之前，她们从事传统的“女性”职业，如秘书、护士和教师等，十分艰难地支撑着她们的家庭。

一位非常成功的全国督导在发现我们公司以前，曾在一家墓地和一个猎枪子弹厂流水线轮流上班。而另有一个却离开了她在电视台相当有前途的工作。

现在的全国业务督导曾经是模特、青年志愿者、高等学历的持有者或者从未上过大学的妇女。她们中的一位曾靠酸橙馅饼贴补家用，而另外一位则曾是得克萨斯最成功的慈善机构发起人之一。

无论她们战胜了病魔或是在她们选定的职业中困难重重，我相信，每一个故事都有点像灰姑娘的经历。

《卓越的空间》是我能提供给你的味道最好的布丁，它证明了我理论的正确性。无论这些妇女在年龄、背景、种族、肤色或是宗教信仰上有多大差异，“玫琳凯”一定存在于她们的生活当中。这样的妇女正是我1963年脑子里所想象的那种样子。

读她们的故事会令人干劲十足。我为所有这些使我的梦想得以实现的美丽而能干的女性感到骄傲。玫琳凯的女性不仅仅是世界上最忠诚和最具奉献精神的女性，她们也已成为决心和目标的化身。她们相信只要努力工作，无私奉献，她们就会在个人和事业上获得成功。她们发现自己的生活大大地丰富了——充满活力的家人、亲密的朋友、星光灿烂的成就以及经济上的保障。她们理解，正像我所做的，最最重要的是能帮助其他妇女实现她们的梦想，那将是怎样的一份满足！

既然你已听了一些我们成功的故事，我确信你能理解为什么我如此热爱这些美容顾问和业务督导。我为所有这些让我梦想成真的美丽而能干的女性而感到无比自豪。她们的成功无疑能证实布丁的好坏。有人曾说，我们是一个“以所拥有的人而著称的公司”。我们认为我们拥有最好的员工。玫琳凯的女性是世界上最忠诚而又最具奉献精神的女性，她们有着坚强的决心和明确的人生目的。她们相信只要努力工作并无私奉献，那么她们就将在个人和事业方面获得成功。在玫琳凯化妆品公司，她们发现自己的生活因为朋友、成就和经济保障而丰富多彩。

21 留下一份遗产

尽管玫琳凯化妆品公司的创立源自一个女性的梦想，但它已长期而独立地存在着。我们公司建立在一些特别价值观和原则的稳固基础之上，它的延续已不再只依赖于任何个人。

商业分析家们经常对我说："玫琳凯化妆品公司能到今天是商业上的奇迹。当然到目前为止公司一切进行得很好。但当你离开以后，会发生什么变化呢?"

我向他们解释，可能在一段时间里，公司的存在取决于我，因为一个新企业的成功的确会依赖一个或是两个关键人物的存在。但从1963年起，我们已经走过了一段漫长的历程。我们的销售力量由成千上万熟练的职业销售员组成，而她们又会得到一支有经验的管理队伍的支持。几年前我们就已不再是一个或两个人领导的公司。如果不是这样，我们就永远不会拥有现在这份力量。

玫琳凯化妆品公司并不是唯一一家被认为是由个人领导的公司。事实上，许多美国企业的创始人都是些有很丰富阅历的人。在福特汽车公司的早期，很多人也同样相信过，没有亨利·福特，这个企业不会存在下去。但它仍然存在着。另一个例子是杜邦化学品公司。这个公司由一个家族掌管长达150年。最后，当一个外来者成为主要的决策人时，同样引起了众多的关注。但今天的杜邦公司已成为世界最大的化学品公司之一。一个拥有良好管理阶层的企业经得起任何变化。假如一个企业失去创始人就不能前进和壮大的话，我想说，这位创始人没有做好自己的工作，没有建立起一支强有力的职业管理队伍。

在玫琳凯公司，我们最强的力量是我们的员工。就像我曾经说过的，我们不只是在从事化妆品事业——我们同时也在做人的事业。作为以人为本的公司，我们首要目的是给妇女提供就业机会。同时，通过传授其他妇女美容护理知识来满足她们的需求。换句话说，给妇女们提供丰富她们生活的机会是我们公司存在的全部原因。在公司里我们同样遵循这个原则，我们总是鼓励每个员工充分地展现自己的全部潜力。

没有这些杰出的人，也就不会有玫琳凯化妆品公司。当然，关键是要认识到，随着时间的推移，每一个公司都有自然的人员更替——这是人类生存的特性。一个公司会因为它自身的宗旨而保持强大，而一个有着基本而强有力宗旨的公司可面对一切——即使大规模地改变它的产品。例如，杜邦公司从1812年至一战前一直是国家弹药的主要供应商。作为最大航空公司之一的洛克威尔国际集团曾经也是停车收费计时器和出租车计价器的制造商。美国运通公司一开始只经营马车特快专递！所有这些公司都成功地适应了改变产品变化，结果它们变得越来越强。

人会变化，产品也会变化。但在变化过程中正是公司宗旨决定了公司的生存和消亡。玫琳凯的经营宗旨建立在三个简单而又极好的理念上。

首要的也是最重要的宗旨是黄金法则。我们告诉人们，他们希望别人如何对待他们，他们就该如何对待别人。有时我们称这为“乐施精神”，同时又对那些杰出地表现这种精神的人表示特别的认同。这是一种与人分享和关心他人的精神。许多圈外人认为，这条规则根本不会有效。但我们知道它的确有效！我们的职员愉快地将她们的时间和经验施于他人却根本不考虑会得到何种回报。

第二个宗旨就是我们坚信正确的优先法则：上帝第一，家庭第二，事业第三。我知道，许多大公司的首脑们都认为我们把顺序颠倒了。但我们感到假如一个人的个人生活充满矛盾，就不可能做好本职工作。我们很愿意把事业放在第三位。

我们的第三个宗旨是相信每个人都具有无限的潜能。我们确信通过赞扬和鼓励，每个人都会走向成功。许多妇女来我们这里时缺乏自信。“我会试试，”她们说，“假如我行，我会做的。”我们教会她们抛弃那些想法并代之以“我行。我会。我必须!”许多年来，我们发现积极的鼓励和诚挚的赞扬会产生奇迹。每个人都能变得很伟大！伟大的种子实际上一直埋藏在我们心里，上帝希望我们能把它挖掘出来。我们公司中无数个成功的故事证实了这一真理。

我们公司的持续成功取决于这三条富有哲理的信条，而不是取决于我。因此，相信我们组织中的任何一个人都知道我们对于这些观念的强烈感受。所有的管理决策都基于我们的宗旨。在这些信条的基础上，我们招募新成员并教会她们按照我们的宗旨生活。如果一个美容顾问登上我们公司成功的阶梯，并来到达拉斯进行新业务督导的培训，我会再一次和她或是她的团队重温我们的宗旨。

已有成千上万个女性通过我们的计划取得了成功。毫无疑问，她们中的每个人都是玫琳凯精神和宗旨的忠实执行者。每一位业务督导都是我可以依赖的会坚持我们标准的人，她们充分体现了我们对诚实和正直的承诺。

上帝花费了很长的时间让我为他给我选定的工作作准备。在接受上帝的引导开创自己的公司之前，我所有的经历、尝试、错误、辛勤工作和失望都是必需的。

有我儿子理查做玫琳凯化妆品公司的董事长，我们很幸运。理查让我感到骄傲，他用他的经营才干赢得了我们全体职员的心。

无论如何，总有一天我不会再在这里。当那天到来时，我知道我们的全国业务督导会在我的位置上继续很好地贯彻这些思想。每个人从一个美容顾问开始，攀登上成功的阶梯，一直走向卓越。我们的美容顾问和业务督导都知道这一点，因此我们的全国业务督导们会继续成为履行这些美好职责的楷模。我过去常常把这些妇女称为“未来的玫琳凯们”——但今天她们已经变成了我。她们已手执蕴含着我们宗旨和标准的火炬。因此，我知道无论未来会发生什么变化，我的宗旨会永远传播下去。

多年以前，我曾担忧，如果我不再涉及公司事务，公司会怎么样。对于玫琳凯化妆品公司成千上万的职员，我感到一种深切的责任。公司发展得太快了，我要确信没有我的存在，它照样能够成长兴旺。它已帮助了许多美丽的女性，我要知道这些金色机缘还将永存。我带着强烈的意愿留下了一份遗产。

我现在知道这份遗产已有保障。公司用我的名字，但它也拥有自己的生命。它的命脉是已成为成千上万女性生命的一部分的公司宗旨。她们体现分享和给予这一宗旨——如此的充分，因此这笔遗产必将永存。

尾声

我的自传完成于1981年。后来在1987年、1994年和1999年时又相继作了修订，把我们近几年中“发生的事”包括进去。需要修订的东西实在太多了！1996年，我们的零售额达到了前所未有的20亿美元，并在随后的1997年和1998年也取得了同样的业绩。

现在在全球28个国家和地区，我们有超过50万名美容顾问和业务督导在为顾客服务。所有的人都在独立经营玫琳凯事业——实质上，她们才是她们自己公司的总裁。

有140多位女性已成为全国业务督导。现在我们的全国业务督导每年能从玫琳凯化妆品公司赚到6位数的收入。另有8500位女性现在是玫琳凯化妆品公司的业务督导。我因此而骄傲。在公司里还有许多值得我骄傲的地方，例如：

玫琳凯公司的大多数产品都是在其自己的颇具艺术品味的工厂进行开发、检测、制作及包装的。除了设在达拉斯的工厂，我们目前还在瑞士和中国设厂生产我们的产品。

玫琳凯化妆品公司是全美最大的美容品直销企业，也是全美产品销售额最高的三大化妆品企业之一。我们拥有全美9%的美容护肤品市场以及9%的美容化妆品市场。

我们公司的生产线能生产8个门类的200多种产品：美容护肤系列、彩妆系列、指甲护理系列、润肤系列、防晒系列、香水系列、男士护肤用品系列以及皮肤营养补充系列。

玫琳凯的新型香水旅行号是1997年十佳香水之一。

玫琳凯公司既不实施也不提倡在实验室动物身上进行产品或配方测试。我们公司积极参与改用其他测试方法。

公司积极采用再生产品包装材料，并去掉不必要的产品包装。这种参与环保的努力已得到美国环境保护局以及联合国环境规划署等机构的广泛认同。

我们每年的年会，我们称之为年度研讨会，是达拉斯最大的每年都举行的公司会议。每年它都会吸引约4.5万名美容顾问和业务督导。大会由五个为期三天的会议组成。这种大会形式正在世界各地继续沿用着。世界各地的玫琳凯美容顾问和业务督导都有她们自己的大会。

在玫琳凯公司众多的表彰活动中，最著名的是奖赏轿车。今天，大约有总价值超过1.4亿美元的9000辆轿车在大路上行驶。除了众所周知的粉红色凯迪拉克，我们奖励的轿车还有Pontiac Grand Prix和Pontiac Grand Am以及“玫琳凯版”的通用白色吉米车。美容顾问和业务督导们以她们杰出的销售和发展成员的业绩赢得了这些轿车。现在，在世界各地很多地方我们都奖励轿车。玫琳凯德国公司奖励的是粉红色奔驰，台湾公司奖励的则是粉红色丰田。

我们的公司遍布阿根廷、澳大利亚、巴西、文莱、加拿大、智利、中国、捷克共和国、萨尔瓦多、芬兰、德国、危地马拉、日本、马来西亚、墨西哥、新西兰、挪威、葡萄牙、俄罗斯、新加坡、西班牙、瑞典、中国台湾、泰国、乌克兰、英国、乌拉圭，当然还有美国。

玫琳凯化妆品公司被收入1984年首版《全美100家最适宜工作的企业》，并分别于1993年和1998年再次入围。而三次获此殊荣的仅有28家公司。我们同时也被列为最适宜妇女工作的10家企业之一。我们是其中唯一的直销企业，唯一的化妆品公司。《财富》杂志所排列的500家企业中仅有

37家被列入《全美100家最适宜工作的企业》，而我们公司有幸成为其中一家。

谁是玫琳凯

现在再也没人会问“谁是玫琳凯”了。我可能已不需要像1980年那样出现在《实话实说》上，因为现在绝大多数美国人都知道我是谁。我帮助妇女在商界中获得平等的梦想已变成现实。我获得的最大荣誉之一是在1978年获霍雷肖·阿尔杰杰出美国公民奖。我有幸于1993年将该奖颁给欧帕拉·温弗雷。在这50多年中，每年的这项典礼都会把奖授予10位杰出的美国人。我注意到，在500位获得此项殊荣的人当中，女性非常少。我一直期望更多的女性能够跻身于商界的前列并获此殊荣。

现在当我为我的传记写尾声时，我完全相信发生在我们身上的一切美好的东西，是对我们的最基本的原则和宗旨的发展与肯定。我们公司从来没有背离过那些赖以生存和发展的原则——黄金法则（你要别人如何对你，你就该如何对待别人），以及“上帝第一，家庭第二，事业第三”的宗旨。玫琳凯的女性欣赏这样的事实，即她们有时间兼顾她们的信仰、家庭和事业。她们懂得做心中所想的事是很重要的。现在最让我高兴的一件事就是看到我们销售组织的各级领导人能欣然接受我们的核心信念，并将我们的有关关怀和机遇的宗旨传授给新一代女性。当有人告诉我我们公司是女性帮助女性的典范时，我感到无比欣慰。

我衷心祈望我们永远不会忘记过去。现在当沐浴在公司成功的喜悦之中时，我们仍将继续创造奇迹。在我看来黄金法则是一种生活方式，我也很高兴我们的榜样作用使美国的公司开始认识到它也同样适用于商业经营。当我读到我们公司在三大“成长性产业”之一的化妆品业占有重要地位时，我感到这是对我个人思想的肯定。正是我们的宗旨和我们“妇人之见”的专长让我们在历史上占有这奇妙的一席之地。

写自传的初衷

我写自传的最初目的只是为了证实我们事业的可靠性，因为那时候我们的行业和从业人员在社会上的形象并不理想。现在此书已卖了100多万册，以后又几次被列入畅销书的行列，已远远超过我最初的目的。它有助于阐明采取这一正大光明之道的绝妙利益。

令我感到欣慰的是，我们的行业以及直销方式已被人们广为推崇，而且我们能在这一事业中担任重要的角色。我已三次因此而获得殊荣。1989年，我是“全国直销协会名誉奖”的第一个获奖者，那年我还从直销教育基金组织获得了“荣誉循环奖”。1992年，这个基金会再一次授予我“活神话”奖。

每一个“活神话”都有一个坚实的基础。我认为是我们3500名员工共同创造了这一“活神话”。正是这些员工的杰出表现使我们赢得了位列“全美100家最适宜工作的公司”的殊荣，我为她们感到骄傲。

梦想的延续

尽管我们已取得了很大成功，我认为我们的梦想和工作还远远不够完美。

在过去的10年中，我们的成员壮大了一倍，零售额提高了一倍多。我相信我的梦让成千上万的妇女改善了她们的生活。我也知道还有那么多的人在等待着我们的援手，我们的确还需要为更多的妇女准备“卓越的空间”。

当这本书第一次出版时，我们有3位玫琳凯百万富翁。到1985年，我们有15位。而到了1998年，共有119位女性获得了百万富翁的地位。她们都是在自己的事业中赢得超过百万美元佣金的全国业务督导。更有意义的是其中半数已进入千万富翁的行列。这证明了我的理论，妇女真能做这个世界上她们想做的任何事，只要她们非常想做或愿意付出代价。

赚钱的潜力是难以置信的，同样，帮助我们走向成功的那些员工之间所存在的差异也是如此。而最令人惊叹的是，每一个人都是拎着相同的陈列箱从零开始的。

经常会有人问及什么是“典型”的玫琳凯美容顾问。我们不可能提供任何描述，因为实在难以分类。玫琳凯化妆品公司的机会既吸引了高学历的女性，如女博士、女内科医生、女律师等，也接纳了因进入玫琳凯公司而告别福利券和无望的贫困的妇女；有女军官，也有曾当过保姆的女性。有一个被IBM公司经理带回国的保姆，现在成了玫琳凯的高级业务督导，而过去那位IBM公司的经理则是她组里的一个成员！

许多大学生靠做玫琳凯的收入支付所有学校的费用，我们还有许多祖母级的成员，她们表现得非常活跃。

玫琳凯公司的高级领导者来自哈佛商学院和类似华尔街这样的金融中心。青年女子协会成员、中学教师、歌剧演员以及电视剧明星都觉得这是一份吸引人的职业。一个大型零售连锁店的经理告诉我，我那本《玫琳凯谈人的管理》是他商店里所有经理的必读书。全国至少有12家商学院在他们的教学中将《玫琳凯谈人的管理》一书作为教材，很多业务督导的家庭成员选择我们公司来完成他们的硕士论文。

对我们来说，家庭十分重要。作为公司的名誉主席，最令我骄傲的是，在1992年，大约有130人参加了我们为母女业务督导队颁奖的午宴。这件事令我难以忘怀，因为当时我自己的女儿也是我们最早的业务督导之一。

我觉得这是给予我们公司的最好的赞扬。母亲们找到了她们自己最喜欢的职业，并希望她们的女儿和姐妹也能继续这份事业——当然，也有倒过来的事例。我已想不出还有什么比这更好的荣誉。我们至少已有一个家庭其四代女性中都有我们的美容顾问或业务督导。我们已拥有第一支母女全国业务督导队！在我们这个大家庭里有太多的事情值得庆贺！

我们公司已经有无数次庆祝活动，最大的庆祝就是年度研讨会。要一下子接待那么多人，会务组织的繁忙程度是可想而知的。提前几年就要预订好所有宾馆和会议所需的设施。

颁奖晚会上绚丽多彩的表演已成为全球公司仿效的典范，尤其是我们激励人的销售员演讲者和台上亮相授奖。年复一年，令人惊叹的是我们出色的职员总能精心设计出这些特殊而又令人难以忘怀的完美场面。

说到惊叹，我想这是我唯一能用来描述我们在达拉斯的生产设施的词。每年，我们的工厂生产大约1.5亿件令人骄傲的高品质产品。例如，我知道一个典型的10小时轮班可以生产出4.65万瓶日彩液底。我仍难以理解我们最早的那位化学师，因为当时我们公司生产规模太小，他只好把我们的配方交给他儿子所在的公司进行生产。

我们的成功部分应归功于我们拥有出色的产品。回顾我们开始时的那五种基本产品，很难令人相信，今天我们已拥有能满足各类妇女需要的美容护肤产品，也有适合男性皮肤护理的产品。玫琳凯产品的顾客忠诚度一直非常高。

当我们把梦想带到地球的每一个角落时，这种品牌声誉也随之扩散开来。许多国家的妇女正在寻求从玫琳凯化妆品事业中获得成功，并努力使她们的职业和我们的产品成为她们生活的一部分。

有意思的是，当我们和遍及世界各地的玫琳凯女性联系时，每时每刻总会在某一个地方有人正在上玫琳凯的美容课。

有人说我们在1963年引导了妇女的“经济解放”。可我认为，我们妇女的解放还远远没有完成。我每时每刻都希望多一位女性发现她原本有多伟大，了解她真正的巨大潜力。美国是机遇的乐园——而玫琳凯化妆品公司就是这乐园里的一个机遇。也许60年代，我们确实已触动了妇女真正需要的脉搏，但实际的推动却是在70年代、80年代和90年代。而今天，玫琳凯公司对女性而言，比以往任何时候都更加成功、更为适宜。

50万位美容顾问和我本人真诚地相信我们的工作才刚刚开始。我非常感谢上帝能让我在有生之年亲眼目睹这些巨大的成功。早在60年代，上帝就已赋予我帮助妇女们去发现她们既保持女性味又能走向成功的责任。我想女性们很久以来就知道女性味是值得保留的。女性们不必为了成功而去仿效男性的一切。在即将进入新世纪之际，我清楚地知道，我们给女性提供机会的最大收益之一是使女性能灵活机动地根据自己的能力安排好自己的生活。

无尽的梦想

我从不把我目前的状态说成“退休”，不过我的确于1987年担任了公司名誉主席一职。至今，我那鼓励和激发女性潜力的梦想仍在继续，而且由于有我们全国业务督导的出色领导，这一梦想将持续到未来。

我们公司的每个成员都懂得我们的承诺：帮助女性为自己为家人创造更美好的生活。

1995年，我出版了我的第三本书《你能拥有一切》。这本书成了最畅销书，我为此感到骄傲。更令我骄傲的是，书中有关“平衡”的启示已比以往受到更为广泛的接受。我们所创立的优先次序——上帝第一，家庭第二，事业第三，像我们所信奉的黄金法则一样，比过去更加坚固。

1995年的重大事项之一是作为公司新总部的玫琳凯大厦在达拉斯开张。我喜欢保存所有东西，所以你可以想象，我最喜爱的地方之一就是我们的博物馆。在众多的纪念品中，陈列着我们最初的产品以及第一本分类账簿。我们全国业务督导的肖像悬挂于博物馆内，像很多其他物品一样，叙说着我们公司这么多年来的历程。据说我们的博物馆是达拉斯市最受欢迎的游览地之一。

在我的经营生涯中，我始终恪守回馈的理念。我毕生的目标之一在1996年得以实现，那就是成立了一个以我的名字命名的公共基金会。玫琳凯·艾施慈善基金会致力于资助影响妇女的癌症的研究。我是基金会的主席。我们最初的6项资助1997年给予了那些与癌症抗争的杰出研究者，而且资助至今仍在继续下去。我相信，我们1987年几乎自基层开始、通过美国的销售队伍慷慨解囊所进行的这项努力，现在看来，在未来将更具潜力。捐助癌症研究是我们帮助全世界女性的一种方式。

当圣保罗医疗中心的受托人在1998年主持玫琳凯·艾施癌症研究所的落成仪式时，我深以为荣。当我获悉美国及世界各地的公司员工正伸出援手回馈各自的社区，我更是感到无比荣耀和自豪。通过奉献自己的时间、精力甚至她们的玫琳凯产品，那些女性正在实践我们公司的一项最优良的传统。

每当我看到富有爱心、勇于承担义务、敬畏上帝的人们所能做的帮助人类的伟业，我会感到谦卑。在我的一生中，有一个道理不断得到证明：我所施予他人的将全部回馈于你自身。

由于健康原因，自1996年以来，我已不能正式参与各项重要的销售队伍的活动。然而，多亏了奇妙的科技，我能在椅子上通过录像看到每一件事。耳闻目睹在我们公司里不断涌现的了不起的女性，我仍会觉得无比高兴。有时，我会以祝词形式授予她们“小玫琳凯”的称号。在1997年的年度大会上，在宣读我的祝词时，我有幸与全国业务督导一起坐在主席台上。以下就是我为1997年年度大会写的祝词。

一个女性还能要求些什么?

被你们大家所围绕，感受和聆听你们全部的爱。今天我站在这里感受到了巨大的快乐。

我相信我一定是做对了某件事！我一定是完成了上帝赋予我的工作。是的，我的确有一个梦想。我知道自己的使命。我把载运工具给了你们。34年来，我骄傲地看到你们带着我的梦想和这种机遇在勇往直前。

你们将带着我的梦想不断前进，因为很多女性会追随你们所留下的深深足迹。请相信我，我们还有许多经历要去尝试。这项任务必须永远继续下去。永远没有大功告成的时候。

我曾说过杰出的领导人将从我们的组织中产生。你们能看到有些人今天就站在我的身旁。公司也有一些杰出的领导人——那些有爱心并勇于承担义务的员工，他们完全了解按玫琳凯的方式工作。

我非常高兴能以我的事例来激励你们。我想你们可以采用我的事例并让其激励你们去创造你们自己的最佳事例。这并不难做到。一旦你们认识到自身的价值，你们就会有最佳表现并可以以此去激励别人。衷心感谢你们让我能触动你们的生活。现在该轮到你们带着自己的梦想前进并触动更多人的生活！你们能做到！我爱你们！

现在我的生活围绕着家庭、朋友和基金会展开。但我仍心系我们公司独立销售队伍中50万女性的生活。

作为一名有三个孩子的母亲（其中我深爱的女儿玛丽琳已故去），现在我已幸福地拥有16个孙子（女）、外孙（女），29个重孙（女）以及1个重重孙。

除了参加与基金会有关的会议，我喜欢约一些朋友共进午餐和晚餐。我们爱吃简朴的家常菜。我也喜爱我的花园，每年春天与我同名的“玫琳凯”玫瑰花盛开的时候，我更是非常高兴。

当然，那些玫瑰花都是粉红色的！多年来，媒体总是批评我的粉红色，特别是我们的粉红色轿车，因此，我也经历了不少有趣的事。我对一名记者所说的一句得意的讥语被刊登在1985年《见识》（Savvy）杂志的封面上："你们公司给你的车是什么颜色的呢？"

有一次，我穿着红色的套装出席为我举办的生日午宴，到场时却惊讶地发现每位出席者为对我表示敬意都穿着粉红色的服装！一家报道宴会的电视台对我竟然没有穿着粉红色非常惊讶。我甚至想都没想就回答说："今天我对所有的粉红色全无知觉。"我的话被地方电视新闻、电视新闻网和报纸的头条广泛报道。那只不过是一句即兴的言辞，绝不意味着一项政策的改变！显而易见，我们现在仍然热爱粉红色，并且将来还会热爱下去。

1998年，为纪念我获霍雷肖·阿尔杰奖20周年，我应邀为一本即将出版的反映我生平的书籍提供一些修改意见，并加入我对成功的定义。最初，这个问题让我陷入思考，但很快就意识到我对成功的定义从未改变过。在目睹了我们公司35年多的兴旺壮大之后，我仍然认为，我对成功的看法仍和我最初为"梦想公司"写下理念时一样。我毫不费劲就能回想起1963年那些远在得克萨斯州的女性着手开始自己理想的事业，通过事业，她们真的生活得更好并使别人的生活也发生了改变。今天，我看到世界各地的女性愿意付出同样的努力。我想我们公司会为继续实现这种梦想助上一臂之力。

我始终坚信，我们公司的真正成功体现在我们公司员工和直销员等的已被触动改变的生活中。玫琳凯事业给很多人带来了希望和新生。然而魔方并不存在。关键在于你能否充分利用你所拥有的一切——你的天赋和能力。

我希望那正是我已经做到的。

同样，你也能做到。

浙 江 省 版 权 局
著作权合同登记章
图字:11-1999-80 号

图书在版编目（CIP）数据

玫琳凯自传 ：一位美国最有活力的商业女性的成功故事 /（美）玫琳凯·艾施著 ；马群译. — 影印本. — 杭州 ：浙江人民出版社，2017.1（2020.6重印）
ISBN 978-7-213-07840-8

Ⅰ. ①玫… Ⅱ. ①玫… ②马… Ⅲ. ①艾施(Ash, Mary Kay 1918-)-传记 Ⅳ. ①K837.125.38

中国版本图书馆CIP数据核字(2016)第326577号

玫琳凯自传：一位美国最有活力的商业女性的成功故事
[美]玫琳凯·艾施 著 马 群 译

出版发行 浙江人民出版社（杭州市体育场路347号 邮编 310006）
市场部电话:(0571)85061682 85176516
责任编辑 陶辰悦
责任校对 鞠 朗
责任印务 陈 峰
封面设计 厉 琳
电脑制版 杭州天一图文制作有限公司
印 刷 浙江新华印刷技术有限公司
开 本 710毫米×1000毫米 1/16
印 张 12.25
字 数 165千字
插 页 4
版 次 2017年1月第1版
印 次 2020年6月第6次印刷
书 号 ISBN 978-7-213-07840-8
定 价 22.00元